ÉLOGE

DE

JEAN-JACQUES ROUSSEAU,

Qui a concouru pour le prix d'éloquence de l'Académie Françoise, en l'année 1791.

PAR M. THIERY,

Membre de plusieurs Académies.

1791.

ÉLOGE

DE

JEAN-JACQUES ROUSSEAU.

L'Assemblée nationale décrète qu'il sera élevé
une statue à l'auteur d'Émile & du Contrat
social.

Loi ; du 21 décembre 1790.

Il est donc enfin des honneurs pour le génie, et
des récompenses pour la vertu ! Trop long-temps
les annales du despotisme nous ont rappellé cette
foule d'attentats que le fanatisme pouvoit oser ;
et qu'il osoit impunément, sous son règne, contre
tous ceux que leur destinée condamnoit à être de
grands hommes. L'histoire de la liberté nous
apprend, dès ses premières pages, comment on
peut les venger.

Rousseau vivoit, il y a peu de jours, et il
vivoit malheureux et persécuté : une tombe mo-

A 2

deste et isolée déroboit , en quelque sorte , sa cendre à tous les regards. La justice des siècles vient s'y asseoir aujourd'hui , à la voix de la patrie , et devance la postérité : aujourd'hui la patrie lui élève une statue ; et s'honore enfin , en associant sa gloire à l'immortalité de ce grand homme.

O Rousseau ! ame céleste & sublime ! toi qui voulois verser le bonheur sur la terre , et que notre injustice a rendu le plus infortuné des hommes ; ta dernière pensée fut un sentiment douloureux : tu craignois que l'envie ne poursuivît encore ton ombre dans la nuit des siècles , & ne flétrît à jamais ta mémoire. Abaisse aujourd'hui tes regards jusqu'à nous , jouis de nos regrets , de notre ivresse ; vois la nation elle-même , consacrer aux applaudissemens de l'univers ton triomphe , tes bienfaits et sa reconnoissance.

Qu'il mérite bien des hommes , cet auguste et solemnel apothéose , celui qui fut pour eux un guide si sûr , un ami si tendre ! Philosophe , il nous a fait connoître & respecter nos devoirs ; publiciste , il nous a dévoilé nos droits & le secret de nos forces ; homme sensible , il nous a réconcilié avec la nature & nos plaisirs.

Pourrai-je , dans le tumulte de mon cœur , présenter , avec ordre , le développement de ces idées ? Pourrai-je exprimer tant de sentimens qui nous agitent ? Mais, que dis-je ? Pour remplir cette tâche, une ame ne suffit-elle pas ? Ah! pour louer Rousseau, il ne faut que des pleurs.

LA France, enivrée de la grandeur qu'elle avoit acquise sous Louis XIV, et rassasiée de chefs-d'œuvres, étinceloit de toutes parts des feux du génie. Elle étoit arrivée à ce période éclatant, où les nations sentent enfin le besoin de la vérité, après s'être éclairées sur leurs jouissances. La vérité ne se montra jamais aux hommes qu'après de longues épreuves ; sa marche fut toujours auguste et lente, et dans tous les siècles, elle s'est fait précéder au loin de ceux qui devoient préparer le flambeau avec lequel elle vient éclairer le monde. Nous voyons successivement Aristote succéder à Euripide ; Sénèque à Térence ; Galilée au Tasse ; Locke à Milton ; et ces hommes supérieurs, remplissant leur mission importante, développer enfin les dogmes de la raison, et la morale sublime de la nature. Ce ne fut, dans tous les temps, qu'après s'être épuisés par leurs efforts, pour combattre la philosophie, que les hommes ont consenti à jouir de ses bienfaits, et ont daigné apprendre qu'elle n'avoit d'autre but que de les rendre heureux.

Resserrer les liens qui les enchaînent ; les éclairer sur leurs besoins ; établir un juste équilibre entre leurs passions, et combattre leur tyrannie par leur empire ; dissiper l'atmosphère épaisse qui écarte d'eux la lumière ; les guérir de cette foule de maladies morales, dont la superstition est le principe, l'ignorance ou l'erreur l'aliment ; lever devant leurs yeux le rideau sacré de la nature, et les amener à la vertu par la raison : tel fut toujours son objet ; on sait assez quelle est ordinairement sa récompense.

Déjà, la rage de ses persécuteurs annonçoit parmi nous sa présence, et nous commencions à appercevoir le crépuscule du jour nouveau qu'elle faisoit naître : déjà, on avoit livré de premiers combats à ces indignes préjugés, qui déshonoroient nos loix, nos opinions ; et Voltaire montoit au trône, d'où il devoit bientôt lancer contre eux la foudre et la lumière : quand on vit paroître tout-à-coup un homme nouveau, que la nature paroissoit avoir mûri dans le silence, et qu'elle destinoit à imprimer un mouvement rapide aux ames, et un grand caractère à l'esprit humain. Semblable à l'astre radieux qui féconde l'univers, il s'élance, et des traits de feux embrafent l'horizon qu'il éclaire : les ténèbres ont disparu à son approche, et devant lui, leur voile s'efface et tombe.

Tout le monde sait que Rousseau étoit parvenu à un âge assez avancé, sans avoir encore soupçonné son génie : la lecture d'un programme académique l'arrache à ce long sommeil : il cède à l'impulsion qui l'entraîne; et il apprend à l'Europe étonnée, il essaie de lui prouver, au moins, que le progrès des sciences et des arts a corrompu ses mœurs et étouffé le germe de la vertu.

Il n'est plus question aujourd'hui d'examiner s'il professoit une erreur. Qui nous en a mieux convaincu que lui-même ; lui, dont les ouvrages commandent si impérieusement les bonnes mœurs, et nous font un besoin si pressant de la vertu ? Une autre réflexion me frappe : cette erreur, qui a servi si heureusement la malignité, me paroît être la source de toutes celles dans lesquelles il est tombé : elle dévoile son caractère et la trempe de son ame : elle nous apprend que ses *paradoxes* étoient dans son cœur plutôt que dans son esprit; et leur histoire devient peut-être, j'en demande pardon à l'envie, un des plus beaux chapitres de son éloge.

Rousseau poussoit jusqu'à l'idolatrie son culte pour la nature; et jusqu'à l'ivresse son amour pour les hommes, et le désir de les rendre heureux. Cette passion sublime, nourrie, échauffée dans une ame ardente, devint le germe de ses idées et de ses sentimens. Sa maxime fondamentale étoit, que nos premiers mouvemens sont toujours droits; que nous naissons bons; et qu'il n'y a pas de perversité originelle dans notre cœur. Son ame, douce et tendre, se promenoit avec délices sur ce tableau enchanteur des vertus et de la félicité, auxquelles il croyoit nous voir appellés. Mais, quand ensuite il se reportoit sur celui de nos vices et de nos malheurs; quand, après avoir admiré l'homme de la nature, il contemploit celui de nos institutions; et qu'il le trouvoit si souvent amolli et dépravé, il se livroit à une sorte d'indignation, en le voyant chercher, avec tant de peines, la corruption dans le commerce social. Cette première impreſſion ne s'effaça jamais de son cœur; et souvent répétée, elle donna enfin à son caractère cette humeur inquiète et chagrine; cette misantrhopie, qui fut la source de ses fautes comme de ses vertus, et l'aliment de son génie. Il osa concevoir le projet de nous effrayer par la peinture de notre difformité; et de nous faire au moins devenir meilleurs, s'il ne pouvoit nous rendre à la nature.

Avec quelle ardeur il dut embrasser l'opinion de son premier discours. Il y retrouva ses idées habituelles; et sa première dette envers la patrie, le premier hommage qu'il rendoit aux hommes, lui parut le développement de la plus importante vérité qu'ils dussent entendre.

Ce n'est qu'avec une sorte d'effroi, un respect religieux, que je prononcerai sur les idées de ce grand homme. Qu'on me pardonne d'oser dire qu'elles me paroissent vraies, mais qu'il a poussé trop loin les conséquences qu'il devoit en tirer. Oui, la nature est altérée parmi nous ; nous avons acquis, dans la société, des besoins factices qui nous tyrannisent ; des passions qui nous sub-juguent ; des usages qui nous asservissent ; des préjugés qui nous dégradent ; et l'on est forcé de convenir que les arts et les sciences ont contribué à semer autour de nous ces entraves honteux. Mais, que prétendoit Rousseau ? Eût-il préféré une ignorance absolue ? Elle étoit impossible ; elle répugne trop d'ailleurs, à des esprits assez exercés pour connoître les jouissances que le goût procure, et à des âmes capables de cette faculté sublime, qui nous éclaire sur ce qui est bon. Sans doute, des ténèbres épaisses seroient préfé-rables à cette lueur vacillante et incertaine, qu'il affecte d'envisager toujours comme le seul appui de notre foiblesse : celui dont les yeux sont fermés à la lumière, court moins de dangers en marchant sur des précipices, que l'homme qui, avec une vue affoiblie, trouve toujours l'abîme sous ses pas.

Mais l'auteur du discours pouvoit-il ignorer que, dût l'atmosphère dont il nous environne, se condenser assez pour fermer tout passage à la lumière, il faudroit encore un guide pour nous conduire ? Il en falloit un, au moins dans son systême, pour nous apprendre à lire dans le livre majestueux de la nature, le seul qu'il eût voulu présenter à nos regards. Il en faut un à l'opinion, qui, dans tous les cas, tiendra toujours le sceptre de l'univers. Quel sera-t-il donc ? Rousseau eût-il voulu nous livrer, sans défense, à tant de fléaux destructeurs, monstres nés du fanatisme et d'une imbécille superstition ? Eût-il voulu nous abreuver encore du levain empoisonné qui, trop long-temps, a filtré dans nos organes ; et nous reporter à ces jours de désolation, où l'ignorance ne pouvoit se défendre de la stupidité qui l'opprimoit, qu'avec des poignards ? Eh ! quel guide plus fidèle et plus sûr pouvions-nous choisir, que cette bienfaisante philosophie qui nous console, nous éclaire et nous dirige !

Foible et chancelante d'abord, elle a pu nous égarer quelquefois ; mais, semblable à cette lance qui guérissoit les blessures qu'elle avoit faites, cette nouvelle théologie nous mènera enfin à la vérité. Déjà ses ennemis sont terrassés ; le jour paroît, et son règne commence.

Disons donc : les arts et les sciences ont hâté le progrès des maux qui affligent la terre ; mais, sans eux, ils y seroient venus, et eux seuls peuvent en être le remède. Disons-le avec Rousseau lui-même, qui, en nous rappellant à la philosophie de la nature, dans son traité sublime de l'éducation, a établi, avec Sénèque, cette maxime en tête de l'ouvrage : *Sanabilibus ægrotamur malis.*

Le discours sur l'inégalité des conditions, m'amène à chercher encore dans l'ame de Rousseau, et dans des modifications des mêmes sentimens, le développement des idées que fait naître cette nouvelle production.

Adorateur superstitieux de la nature, il ne voit toujours, il n'admire qu'elle ou ce qui en émane : il blâme avec aigreur tout ce que les hommes y ont ajouté. Selon lui, ils la blasphêment quand ils croyent l'honorer ; ils la mutilent quand ils prétendent l'embellir. Enthousiaste de la liberté, il brise avec effort tout ce qui peut en gêner les mouvemens ; et il ne voit dans nos institutions, souvent dans nos affections même, que des liens honteux qui nous avilissent. Toute inégalité le blesse et l'irrite : il observe, avec raison, qu'elle ne triomphe que dans le sommeil des empires. Mais, n'auroit-il pas trop oublié cependant, que la nature elle-même en a semé à chaque pas ?

que par-tout elle a établi des contre-poids, nécessaires pour assurer le mouvement de la machine immense qu'elle dirige ? Pourquoi donc ne l'imiterions-nous pas dans nos créations morales ? Je ne propose ces idées qu'avec défiance ; je crains l'interprétation qui, aujourd'hui pourroit en faire un crime. Il me pèse d'ailleurs, de n'avoir considéré encore les deux chefs-d'œuvres sur lesquels, j'arrête les regards, que sous l'aspect de leurs défauts, que l'envie a exagérés avec tant de complaisance. Livrons - nous enfin, au plaisir si doux, au besoin qui nous presse, de les louer.

Quelle surprise intéressante durent causer dans le premier moment, ces ouvrages d'un écrivain qu'ils annonçoient, et qui n'avoit pas encore fatigué l'admiration publique ! Combien durent paroître touchans, cette passion pour la nature, cet amour pour la vertu, pour le bien ; ce désir du bonheur des hommes ; qui l'embrasent, et qu'il communique à ses lecteurs ! Il peint l'homme, et il apprend à le connoître : il trace le tableau majestueux de la nature, et il devient créateur comme elle.

Il se reporte aux premières combinaisons de l'instinct moral, observe le développement de nos idées, les analyse et en examine le progrès : de-là, suivant la chaîne de nos institutions sociales, il nous apprend ce que nous avons pu sacrifier de nos droits, sans lâcheté; ce que notre foiblesse nous en a fait perdre; ce que le despotisme nous en a ravi. Il rappelle à ceux qui ont pu l'oublier, que les hommes ne se sont donnés des chefs que pour se préserver d'avoir des maîtres; et déjà, il nous arme contre l'oppression, échauffe ou ranime dans le cœur des hommes l'amour de la liberté: il commande le respect pour les loix, et l'horreur des tyrans.

Avec quelle noble sécurité il se repose sur les vérités qu'il annonce: il s'élève, jette ce coup-d'œil libre et hardi que permet la confiance de ses forces, et semble instruire les hommes et leur donner des loix. Ses fautes même portent l'empreinte de la grandeur, si l'on peut appeller ainsi des vérités peut-être que nous n'avons pas conçues, ou qu'il n'a pas voulu nous développer. Ce sera, si l'on veut, des taches qui obscurcissent un moment son génie, mais sans le cacher; bientôt il jaillit de toutes parts, et lance avec lui la lumière.

Et quelle profondeur dans les idées! quelle énergie dans le style qui les énonce! On retrouve dans ces ouvrages, cette simplicité antique tant vantée par notre impuissance, mais perfectionnée par un goût délicat, et enrichie des formes les plus séduisantes, et du prestige de l'éloquence.

Je franchis de longs intervalles, pour suivre la chaîne des idées qui doivent me guider dans ce discours. Je vais parler d'Emile.

Il n'est personne capable de quelque réflexion, qui ne convienne que notre éducation ordinaire paroît avoir pour objet de contrarier la nature, plutôt que d'aider et de faciliter le développement de ses opérations. Nous allons chercher au loin ses loix ; nous nous élançons hors de nous, hors de la sphère dans laquelle elle nous a circonscrits. A ses beautés simples et sublimes, l'opinion en a substitué de factices : et nous préférons à son ouvrage, celui de quelques Prométhées dont le ciseau destructeur nous a façonnés à leur fantaisie ; et ne produit après beaucoup d'efforts, que des ames foibles et énervées, dont le ressort trop lâche ne peut plus soutenir le choc des passions, des intérêts ; et ne sait opposer que la crainte au danger, et la foiblesse au malheur.

Quelle magnifique entreprise que celle d'oser refaire l'homme ! quel bienfait que celui de le rappeller à l'instinct salutaire qui le dirige, et de lui montrer que la route facile dans laquelle il nous conduit, est celle du bonheur ! Aucun écrivain, sans doute, n'a approché plus souvent et plus près de ce but que Rousseau; il n'a qu'un objet, et pour ainsi dire, qu'une idée: rendre l'homme heureux; étendre jusqu'à sa vieillesse le souvenir et les délices de son enfance, et prolonger son existence jusqu'au tombeau.

Tel est le précis de la doctrine sublime renfermée dans ce livre, que l'on devroit appeller le Catéchisme de la morale et de la vertu. On n'y voit jamais le merveilleux employé pour séduire ou frapper l'imagination: le jeu des machines est à découvert. Tout est grand dans ce systême, parce que tout y est simple: l'auteur semble être d'accord avec la nature; elle a imprimé dans son ame son ordre et sa bienfaisance.

Entrons dans quelques détails sur cet ouvrage; et pour le louer dignement, relevons-en les imperfections. Il en est une sur laquelle je serois forcé de revenir souvent: mais toutes ces critiques me pèsent; je voudrois, en me délivrant promptement de ce devoir, me livrer sans réserve au plaisir d'admirer.

Rousseau me paroît avoir cherché à établir une concordance impossible entre l'homme social, et l'homme naturel: ce sont deux êtres trop différens, trop étrangers l'un à l'autre, pour qu'on puisse les réunir et les confondre.

Ce défaut très-grand, sans doute, a pris sa source dans ses idées ordinaires, et pour ainsi dire originelles. Il savoit qu'en voulant nous ramener à la nature, il n'eût fait qu'un beau roman ; en s'occupant uniquement à perfectionner l'état où il nous trouvoit, il eût craint peut-être de se rendre complice de nos institutions. J'ose croire cependant que ce plan eût été plus beau, plus digne de lui, que cette mythologie politique, dans laquelle il nous montre réunies, l'histoire du cœur humain, sa fable et les plus augustes vérités. Mais ces vérités, qu'elles sont grandes, lorsqu'il les développe ! quel caractère majestueux elles acquièrent, en passant à travers son ame !

L'enfant qui naît, semble condamné aux larmes et à la douleur. Ce n'étoit donc pas assez qu'il le fût par la nature ; dès ce moment, il devient la victime de nos usages, et des passions de ceux même desquels il reçoit l'être. Souvent par un odieux calcul, ceux-ci sacrifient à leurs plaisirs seuls, son bonheur ou sa vie. Une femme lui donne le jour, et elle ose lui acheter une mère : elle semble ne le tirer de son sein que pour se délivrer d'un fardeau ; il pleure, elle est insensible, et cette intéressante créature est réduite à attendre de la cupidité, ou tout

au

au plus de la pitié, ce qu'elle ne peut obtenir de la tendresse. Rousseau s'irrite de cet attentat si ordinaire, une sainte indignation le transporte; il tonne, il éclate; il parvient à arrêter le cours de ce désordre. On s'effraye d'une censure qu'il exerce avec tant d'énergie, et nos mères commencent à ne plus rougir de le paroître. Je me trompe; son empire s'est borné à intéresser la vanité des femmes; la mode leur a rendu leurs enfans, et à ceux-ci leurs premiers droits: Mais, sans doute, plus d'une mère, trompée dans ses vœux, a retrouvé de la tendresse; et a appris enfin que les devoirs de la nature sont le plus doux de ses bienfaits.

Après avoir vengé les enfans de l'injustice et de la cruauté de leurs mères; Rousseau s'occupe à les défendre de leur tendresse, qui plus barbare souvent, les prépare à tous les maux, et verse une foule de passions dans leur ame, qu'elle dispose de bonne-heure à les recevoir. Chaque page de ces premiers chapitres présente un nouvel effort pour rappeller le bonheur sur ce premier âge de la vie. Il est beau, il est touchant de voir ce grand homme, placer lui-même un enfant dans ses langes, se baisser sur son berceau pour recueillir son sourire, chercher à calmer ses douleurs, et lui ménager déjà des jouissances.

B

On a répété souvent dans ses portraits, l'idée heureuse de le montrer couronné par des enfans : aimables et innocentes créatures, oui, c'est lui qui s'est occupé avec tant d'attention de vos jeux ; c'est lui qui en prolonge la saison et qui les rend si agréables, en empêchant qu'on ne vienne les empoisonner et les troubler. Aimez-le, celui à qui vous fûtes si chers ; n'oubliez jamais qu'il a cessé d'être heureux, parce qu'il a voulu que vous le fussiez : n'oubliez pas sur-tout qu'il a attaché un prix à tous les sacrifices que lui coûta sa tendresse pour vous ; c'est la pratique et l'amour de la vertu.

Ce désir de multiplier dans nos premiers ans, les jours de la paix et de la liberté, fut dans Rousseau la source d'une erreur. Il a étendu trop loin le principe, que la plus grande règle de l'éducation n'est pas de gagner du temps, mais d'en perdre. Sans doute, il importe d'épier long-temps la nature dans l'ame de son élève, afin de s'en emparer, ou au moins de s'y mettre à l'unisson avec elle ; il importe de ne pas accabler, comme on le fait si souvent, ces esprits foibles et légers, d'une foule de mots sans idées, ou d'idées sans fondement : masse informe qui tue le jugement, éteint la raison lorsqu'elle commençoit à luire, lorsqu'elle alloit aider les premiers élans de l'imagination, et y répandre cette fraîcheur douce et tendre qui l'embellit. Mais si l'on tarde trop à placer dans l'ame de son élève quelques-unes des vérités qui doivent l'éclairer un jour sur ses devoirs; une foule d'erreurs et de préjugés vont bientôt remplir le vuide qu'on leur abandonne. Cet enfant que vous livrez à son innocence, à ses premiers penchans, distinguera-t-il ceux qui lui viennent de la nature, de ceux qui naissent de l'opinion et qui bientôt vont pénétrer par tous ses sens ? Ah ! ce n'est pas au moment où l'on se présente au combat, qu'il faut remettre l'essai de ses armes et de ses forces.

Mais d'ailleurs, quand le systême de Rousseau conviendroit parfaitement à l'éducation de son élève; Emile est-il l'homme de notre société ? est-il esclave de nos convenances, de nos besoins, de nos facultés ? trouve-t-il dans la région, céleste si l'on veut, qu'il lui fait habiter, tout ce qui nous enchaîne, tout ce qui commande nos devoirs, circonscrit nos actions; toutes les loix, en un mot, de la nature factice que nous avons adoptée ? Rousseau a voulu faire des hommes et des citoyens: étoit-il surprenant qu'il nous parût avoir outré la vérité, et que l'on n'entendît pas son langage. Maintenant que nous

commençons à comprendre et presqu'à parler la
même langue ; apprécions et jugeons ses principes. Ces bienséances de convention, ces distinc-
tions d'état et de rang qui faisoient notre unique
règle, étoient-elles préférables aux bases qu'il
nous avoit indiquées ? Répondez aujourd'hui,
vous qui vous jouiez de la léçon qu'il donnoit,
en faisant un artisan de son élève : vous avez
souris de pitié, sans doute, quand il vous a
dit (1) : » défiez-vous de l'ordre actuel de la
» société ; nous approchons de l'état de crises
» et du siècle des révolutious ; qui peut vous
» répondre de ce que vous deviendrez alors ».

Apprenez donc à respecter le génie et les loix
qu'il dicte : sachez que souvent il ne daigne pas
dévoiler (2) la vérité qu'il a connue toute entière, mais dont la foiblesse de vos organes ne
pourroit soutenir l'éclat. Et nous, rappellons-
nous avec lui, » qu'il n'y a de caractères inef-
façables, que ceux qu'imprime la nature ; et que
l'homme, qui a su de bonne-heure se défier de
l'ouvrage des hommes, sait au besoin, triom-

----

(1) Emil. liv. III.

(2) *Id.* Il ajoute en note : » j'ai de mon opinion
» des raisons plus particulières que cette maxime, mais
» il n'est pas à propos de les dire ».

pher de la fortune et la braver. Quand alors il ne lui reste à montrer que lui, il n'est point nul; il est quelque chose ». •

Bientôt l'enfant acquiert de nouvelles facultés, et ses organes un développement nouveau. Son guide devient, dès ce moment et pour jamais, son ami. Son existence entière paroît consacrée aux soins que demande ce dépôt précieux que lui a confié la nature. Il partage ses jeux, ses plaisirs, son innocence, afin de pouvoir l'épier sans le contraindre; d'être toujours prêt, au besoin, à saisir ses lisières, et à diriger ses élans, sans les étouffer. C'est ainsi qu'il fait entrer dans son ame les premières idées de ses devoirs. Jamais il ne les lui commande; il ne l'en prévient même pas : tout son art se borne à en simplifier les principes, qu'il confond toujours avec le sentiment du bonheur et de la vertu.

Il a garanti son élève des maux de l'enfance; il lui reste une tache plus importante à remplir : il faut le préparer aux combats que bientôt il aura à soutenir. Rousseau se garde bien de lui faire un crime, comme tant d'autres, de ses passions, et d'en arrêter le germe. Le ministre de la nature pourroit-il en devenir l'ennemi, et mutiler son plus bel ouvrage? Mais il les attend, il les dirige. il en a étudié tous les mouvemens; il en connoît tous les secrets ; et dès qu'une fois il s'en est rendu maître, elles deviennent entre ses mains un guide universel. Semblables à ces vents frais et légers, qui servent à préserver le vaisseau d'un calme dangereux : les passions expansives échauffent l'homme et ne l'embrasent pas : elles répandent une douce sérénité dans son ame ; elles l'aident à marcher tranquilement et d'un pas égal à la nature. Si l'impulsion en est trop forte, l'instituteur habile la trompe , il la détourne par dégrés , et toujours il la dirige vers son but.

A chaque page d'Emile , on reconnoît les traces de la pensée législatrice. Quelle adresse d'avoir mis dans ce livre , la morale en action ; et d'avoir , pour ainsi-dire , revêtu la raison d'un corps , pour la rendre sensible. On croit voir Rousseau décomposer , en quelque sorte , l'homme avec le prisme de la philosophie. Il éloigne de lui ce vaste amas de préjugés , de terreurs , qui déshonorent et flétrissent son existence, et ne lui en laissent qu'une d'opinion. Il lui apprend à sentir , à penser d'après lui-même : il lui apprend à connoître l'homme ; à le plaindre souvent , à le craindre quelque fois, à le respecter toujours ; à étendre sur tous les autres cet amour de soi ; le principes de nos vices , quand il est un sentiment absolu ; et la première des vertus , dès qu'il devient une faculté expansive.

Il l'exerce à ne faire contracter à ses sens, à sa volonté, que d'heureuses habitudes ; à conduire son entendement à la vérité, et son ame à la vertu. Comme il sait parer celle - ci de tous ses charmes, et la rendre aimable : quelle onction pénétrante, quelle abondance de sentimens, lorsqu'il en parle ! on voit qu'il nous occupe de ce qu'il aime.

Il ne devoit pas suffire d'en peindre l'image à son élève ; il cherche à la buriner, en quelque sorte, dans son cœur ; et il l'unit à celle de la divinité. Il a tardé beaucoup à lui faire connoître nos devoirs envers elle ! mais qu'il sait les commander impérieusement, qu'il sait nous les rendre chers ? Fanatiques imbéciles ! vous avez osé l'accuser d'impiété, celui qui a fait de la religion le centre de toutes les grandes vérités, et le foyer des plus sublimes passions ; celui qui nous a appris à adorer le Dieu, que trop souvent vous ne savez que nous faire craindre. Sa doctrine, consolante et douce, ressemble à celle du maître, dont sa plume, vraiment évangélique, nous retrace les leçons. Il fait du culte de l'être suprême le premier besoin d'une ame sensible et pure : mais qu'il doit le rendre terrible à celle d'un Borgia !

Peut-être Rousseau a-t-il voulu trop écarter les ronces qui lui ont paru défigurer cet auguste monument ; peut-être ne s'est-il pas assez souvenu, qu'il est une foule d'hommes pour qui il importe de cacher l'autel au fond du sanctuaire, et de l'envelopper d'un nuage. Mais seroit-ce donc un crime de consulter sa raison et son cœur ? Jamais il n'a eu d'autre guide ; jamais il n'a établi d'opinion sur cette matière, sans énoncer les motifs puissans qui la déterminoient : il les expose toujours avec candeur. « J'entends si peu, répétoit-il à chaque page, que mon sentiment fasse autorité, que j'y joins mes raisons, afin qu'on les juge et qu'on les pèse ». Est-ce là le langage d'un sectaire ? est-ce celui de l'intolérance audacieuse qui l'a si lâchement persécuté ? Mais ne souillons pas l'histoire du génie, par le rapprochement de celles de l'envie et de ses bassesses, ou du fanatisme et de ses atrocités.

Emile est homme, enfin : il en a acquis les besoins et les passions. Ce ne sont plus ces élans énivrans et doux, d'une sensibilité qu'il aimoit à éprouver, et qu'il dirigeoit facilement : une fougue impétueuse l'entraîne, et peut l'égarer à chaque pas ; mais son guide veille, sa tendresse et ses secours lui sont devenus plus que jamais nécessaires. Rousseau eût laissé son ouvrage bien imparfait ; si, à l'exemple de ceux qui l'ont accompagné dans cette carrière, il eût abandonné son élève aux caprices d'une femme, instruite à l'école de nos mœurs et de nos sociétés. Il falloit donc lui en préparer une, si j'ose parler ainsi; il falloit à l'élève de la nature, une compagne dont la nature n'eût pas à rougir : et il a aussi élevé Sophie.

Ses principes sur cette nouvelle éducation, ne pouvoient porter que sur les bases qu'il avoit déjà établies. Nous ne savons guères, avec notre ridicule austérité, montrer aux femmes que l'hypocrisie de leurs devoirs, et l'apparence de la vertu. Rousseau cherche à leur en faire connoître et aimer la réalité.

Etudier long-temps leur caractère, ne le contraindre jamais : laisser la nature développer, en paix et lentement son ouvrage; ne le corriger qu'avec de scrupuleux ménagemens : étendre au loin les charmes et l'aimable simplicité de leur enfance, en écartant d'elles l'exemple des passions qu'elles ne doivent pas éprouver encore; et l'idée des préjugés, des vices, qu'elles ne devroient connoître jamais : épier l'instant où l'on pourra remplir leur ame, et y substituer, avec adresse, un sentiment élevé à tous les penchans secrets qui parviendroient bientôt à les maîtriser elles-mêmes : nourrir avec soin cette noble fierté, qui rend si impérieux et si beau l'exercice de leurs droits, et non cette vanité indécente qui avilit si souvent leur triomphe et notre défaite ; leur apprendre qu'il est dans les cœurs sensibles un ressort actif, qu'elles peuvent manier à leur gré, et qui, bien dirigé, devient le mobile universel : en les destinant enfin à devenir épouses et mères, leur persuader qu'il dépend d'elles d'exercer l'empire le plus étendu qui soit sur la terre ; qu'il sera toujours le plus doux comme le plus respecté, quand elles sauront le rendre respectable, et qu'il est bien assez beau de régir le monde. Voilà ce que Rousseau nous a rappellé, et nous a appris à leur faire connoître.

Qu'elle est intéressante, sa Sophie ; quand on la voit chercher, avec tant d'ingénuité, à devenir aimable, pour être heureuse et estimée ; et trouver dans les mêmes devoirs la source de ses plaisirs, et le fondement de ses droits. Quel homme ne consentiroit à être vertueux pour lui plaire ? qu'elle femme ne voudroit lui ressembler ? Je ne connois rien de plus touchant que ce tableau ; il semble dessiné par les grâces. C'est ainsi qu'il faut peindre la pudeur, pour ne pas l'exposer à rougir. On laisse errer avec délices, son imagination sur les transports de ces deux jeunes amans : chacun partage leur ivresse ; chacun semble, par ses vœux, les aider à entrelacer de güirlandes la chaîne qui doit les unir; on voit que, pour trouver le bonheur, il auroit fallu suivre Emile et Sophie. Tâchons donc de les imiter, et de prendre la route qui les y a conduits.

Rousseau a mené son élève, le flambeau de la nature à la main, jusqu'au moment où il devient homme : il lui a appris à borner ses désirs; à maîtriser les hommes, lui-même et la fortune; à s'élever au-dessus de ses caprices; à les attendre, sans les braver ni les craindre. Mais ces leçons importantes, ne les oubliera-t-il jamais? Saura-til se les rappeller, ou les comprendre encore, quand il sera aux prises avec ces passions violentes qui agitent et bouleversent la raison? Emile n'a connu que celles qui embellissent l'existence, qui font mouvoir l'homme paisiblement et sans le fatiguer : nous ne l'avons pas vu au milieu des tourmentes et des orages. Que feroit-il alors, et qu'elle seroit sa boussole?

Rousseau nous l'apprend dans les lettres d'Héloïse. Une ame nourrie des principes d'une saine morale, sera toujours pour l'homme un guide fidèle et sûr : un délire passager l'égarera peut-être, mais tôt ou tard l'équilibre renaîtra : et en rentrant dans son cœur, il y trouvera toujours la paix et la vertu.

La fable d'Emile est simple , c'est le langage de la nature et de la raison : le roman d'Héloïse avoit pour but de peindre les passions les plus fortes : il devoit imprimer dans l'esprit une image terrible et profonde. Il falloit le rapprocher de nous , et exposer à nos regards les situations les plus ordinaires de la vie : il falloit nous attacher aux personnages de cette scène intéressante ; nous faire partager leur ivresse, leurs fautes et leurs remords.

Rousseau n'a que trop atteint ce but , disent ses détracteurs ; les ames foibles s'imbibent du venin qu'il distille , et repoussent l'antidote précieux qui l'accompagne. Mais quoi ! est-ce nous , qui voyons comme lui, *les mœurs de son siècle* (1) qui pouvons craindre qu'on les pervertisse ? Rousseau dans Emile et dans ses premiers discours, avoit dessiné l'homme de la nature et ses formes augustes : on l'a accusé de n'avoir présenté qu'un modèle chimérique. Dans Héloïse , il montre une partie de la nudité de l'homme social , il indique les moyens de corriger ce qu'il peut avoir de trop difforme. Il apprend, comment après avoir perdu la paix avec soi-même ; on peut encore se faire une félicité de ses devoirs , et se garantir quelquefois du remord par la vertu.

____

(1) Préf. d'Héloïse.

Une fille, dont l'ame semble être le sanctuaire de l'innocence, inspire et partage les sentimens les plus tumultueux : elle n'a point à rougir de son amour, l'homme qui l'enchaîne est digne de son estime : mais les loix absurdes de la société l'arrachent de ses bras. Le même transport, la même ivresse les égarent ; elle combat, elle triomphe : elle combat encore, elle succombe. Mais son cœur lui reste, et son cœur est vertueux.

Un père orgueilleux et inflexible prétend la sacrifier à des préjugés, qu'elle dédaigne et qu'elle sait mépriser. Elle trouve un asyle honorable dans un pays qui les méconnoît ; tout l'y appelle ; tout, dans ce tableau, lui présente l'image de la plus touchante félicité. L'amitié, l'amour, et peut-être l'honneur la pressent : un feu dévorant circule dans ses vaines et embrâse ses sens. Ses sens, l'amitié, l'amour, le besoin du bonheur ; tout se tait, tout disparoît devant son devoir.

Pouvoit-on présenter une leçon plus grande, une morale plus instructive et plus pressante ? Que l'on me dise, qui nous apprend mieux à chérir la vertu ; de cette femme qu'un instant de délire a pu aveugler, mais qui se relève de sa chûte avec toute l'énergie du repentir, et capable encore du courage que la vertu seule inspire, et dont elle est la récompense ; ou de celle qui se vante de la conserver sans effort, et qui croit l'aimer sans la connoître.

Julie devient épouse et mère : toute entière à ses devoirs, elle ne connoît plus que ces titres sacrés, et les obligations qu'ils imposent. Quel exemple elle donne, à celles qui les partagent ! Son époux, ses enfans, ses amis, sont devenus le doux objet de tous ses soins : elle les a rendus heureux de sa tendresse et de son bonheur. Son bonheur ! elle l'a donc retrouvé enfin : nous l'avons cru au moins, en voyant l'aimable sérénité de son ame ; ce n'est qu'au moment où elle expire qu'elle nous détrompe. Sans doute, elle a joui de la félicité de tout ce qui lui est cher ; mais quel prix elle lui a coûté ! le trait affreux n'a pas cessé un moment de déchirer son cœur ; sa vie entière a été un combat de la passion et de la vertu ; et nous l'avons ignoré, nous qui partagions ses occupations, ses devoirs, ses plaisirs ; nous à qui elle étoit devenue si chère ! Quel tableau que ce livre ! Quelle consolante et douce philosophie ! Vous tous, qui avez une ame, assistez souvent à la dernière heure de Julie : venez, elle vous apprendra comme il faut vivre.

Et l'on trouve à chaque pas, dans la société, des hommes qui ne savent que censurer la forme de ces lettres, et les incidens qu'elles renferment !

Ils les lisent, et leur ame est froide, et ils jugent!
Ils ont pu les examiner tranquillement, ils ont pu
en calculer les défauts! Que m'importe l'ensemble;
si tous les détails m'attachent avec force, avec
passion; s'ils m'offrent sans cesse une instruction
pressante, s'ils enflamment mon cœur pour ce qui
est juste et bon; si tout, en un mot, y est grand,
majestueux, sublime? Que m'importe, le cadre
qui entoure le tableau, devant lequel je me sur-
prends les yeux fixés, et l'ame haletante de plaisir
et d'admiration?

Quelle foule de leçons, de vérités éparses
dans cet ouvrage? Nos préjugés, nos vices, nos
vertus, tout y est peint avec une égale énergie.
Rousseau paroît disposer des ressorts de notre
ame, et manier avec souplesse toutes nos passions. L'homme heureux, apprend dans ce livre
à jouir du bonheur et à l'apprécier : l'infortuné
y trouve les consolations les plus douces: Rousseau recule les bornes de son existence, en pla-
çant entre le malheur et lui, Dieu et l'immortalité.

Je n'entrerai pas dans le détail des objets nom-
breux, qu'il faudroit citer et louer dans cet
ouvrage. A qui pourrois-je confier mon admiration, qui n'éprouvât pas ce sentiment avec
autant de force? Quel homme, après une lec-

:ture de quelques pages d'Héloïse, ne s'est pas cru meilleur ? A qui Julie n'a-t-elle pas appris, à respecter davantage les hommes et les devoirs qui les unissent ? à qui n'a-t-elle pas fait éprouver que c'étoit un bonheur, un besoin d'être vertueux ? Une femme honnête voudroit-elle être plus foible qu'elle ? une femme honnête s'arrêtera-t-elle sans frémir, à l'idée d'un crime, après avoir lu la lettre sur l'adultère. Et celle sur les duels ; quelle philosophie elle présente, quelle énergie dans le raisonnement ! On la lit tous les jours, cette lettre ; on l'admire, et on blasphême sa doctrine en la relisant encore. N'en soyons pas surpris : les maux de l'opinion sont les plus dangereux de tous, et il est moins difficile de combattre des passions que des préjugés, tant la vanité est plus impérieuse que la nature ! Il n'est pas étonnant, au reste, que cette féroce et misérable coutume, se soit conservé si religieusement parmi nous, jusqu'aujourd'hui : née dans un siècle, où le fanatisme conduisoit à la stupidité, elle étoit faite pour des esclaves.

Il est peu d'ouvrages de Rousseau ; il est peu de chapitres de tous ses ouvrages, où l'on ne trouve le tableau intéressant de quelques-unes des maladies morales qui affligent notre espèce,

et

et où il ne nous fasse sentir le besoin et la
facilité de les guérir. Ses moyens toujours simples, toujours vrais, sont loin du charlatanisme
de cette foule de prétendus philosophes, sectaires
audacieux qui ont semblé moins s'occuper des
hommes que d'eux-mêmes ; et qui en leur par-
lant de leurs devoirs, ont été les premiers
à les oublier ; ou de ceux plus criminels,
qui ont osé dessécher notre cœur, en y al-
térant tous les sentimens qui conduisent au
bien ; la philosophie de Rousseau fut toujours
libre et décente, sans ostentation et sans effort.
Tout son art est fondé sur la connoissance du
cœur de l'homme, et sur la nature ; on voit
qu'il les a observés de près. Ses écrits sont
l'école de la vertu ; la règle des mœurs, ou plutôt de la morale ; j'oserai dire, et la religion
des gens de bien.

La première passion de Rousseau fut pour la vertu ; la seconde pour la liberté. Il promène ses regards
sur la surface du globe, et presque par-tout il trouve
l'intérêt et les passions à la place des loix ; par-tout
il voit régner les préjugés et l'imposture. Il ne rencontre que des esclaves, incapables de voir leurs
chaines ; incapables d'en sentir la honte.

Des hommes obéir à des hommes! Se pros-

tituer lâchement à leurs passions, à leurs vices,
à leurs caprices même; et renoncer, dans les entraves de cette honteuse servitude, à l'indépen-
dance, le premier don de la nature, le premier
germe des vertus! De tous les désordres qui avilissent notre espèce; il n'en étoit aucun qui dût
plus douloureusement affliger un homme qui con-
noissoit si bien toute la noblesse et la dignité de
son être; il n'en est aucun qu'il ait poursuivi avec
plus de constance: non, comme tant d'autres
écrivains, avec des déclamations, capables peut-
être d'échauffer un moment l'enthousiasme; mais,
peu propres à éclairer la raison, qui seule peut
détruire l'ouvrage des siècles de la barbarie. Il
a déployé la vérité dans toute sa force, il a
porté le flambeau de la discussion, sur cet amas
incohérent d'erreurs et d'institutions absurdes qui
gouvernent le monde.

D'autres avoient dit avant lui, que les loix
n'étoient faites que pour protéger la liberté; que
les souverains, soumis aux loix, n'existent que
pour les défendre. D'autres avoient dit qu'il n'y
a ni patrie, ni vertus pour des esclaves; mais ils,
s'étoient contentés de le dire, et on ne savoit
pas les entendre encore; ou leurs voix étoient
étouffées bientôt, par les clameurs de ceux qui
ont intérêt à faire vieillir les hommes dans l'en-

fance des préjugés. Rousseau a fait plus ; il s'est emparé de l'opinion ; il a su l'éclairer, la diriger, lui donner un appui inébranlable ; et cet appui, est la vérité. Il a armé celle-ci de tant de forces, qu'enfin elle triomphe sans éclat et sans danger : déjà elle a renversé une foule d'erreurs, et nous avons ouï à peine le bruit de leur chûte.

Peuples ; apprenez de Rousseau à connoître vos droits ; mais n'oubliez jamais les devoirs qui en accompagnent l'exercice. Vous seuls avez pu régler les conditions du pacte qui vous associe ; vos loix ne peuvent être que le résultat de la volonté générale, et la volonté générale a pu seule les dicter : mais pour vivre indépendans, il faut être leur esclave. Il n'y a que le despotisme de la loi, qui puisse vous affranchir de la tyrannie.

Monarques ; on vous a trompés bien long-temps. On a osé vous dire, que les peuples sont votre pâture et votre propriété. Au milieu de toutes vos forces politiques, apprenez à connoître, à sentir votre foiblesse. Non, vous n'êtes point les dieux de la terre ; renoncez à ce titre insensé que la flatterie ne donne qu'à ceux qu'elle outrage ; mais vous pouvez en être les bienfaiteurs ; vous pouvez mériter notre amour : et

certes, ce partage est assez beau. Vous n'avez
de pouvoir que pour nous rendre heureux : médi-
tez sans cesse cette grande vérité : qu'elle devienne
à jamais la règle de votre conduite. Quel
que soient les dangers que l'orgueil vous prépare, rappellez-vous que vous n'êtes que des
hommes, que le dernier de vos sujets l'est comme
vous ; que la nature qui nous a formés tous,
a mis dans l'ame de chacun le désir du bonheur,
l'amour de la liberté, l'effroi des tyrans et le courage pour les braver.

Analysons, avec Rousseau les principes sur
lesquels reposent ces éternelles vérités : puisse-
t-on les rappeller sans cesse. Il est des hommes
qu'il faut consoler, en leur apprenant à les connoître ; il en est d'autres qu'il faut fatiguer, en
les forçant tous les jours de les entendre.

L'homme jetté, en quelque sorte, sur la surface de la terre ; environné de maux, réduit à
lutter contre les élémens ; trouvant toujours un
abîme sous ses pas, un ennemi à ses côtés ; et
le plus dangereux de tous, dans son propre
cœur ; l'homme eût été le plus infortuné, peut-
être le dernier des êtres, s'il fût resté abandonné
à sa foiblesse. Livré à lui-même, il pouvoit trop
peu pour sa conservation, pour son bonheur ;
le besoin, l'intérêt et le plaisir l'ont rapproché

de ses semblables. Un seul homme n'étoit capable
de rien ; tous réunis devinrent capables de tout ,
et ils entassèrent des prodiges.

Armé de toutes ces forces , il étendit son empire sur l'univers , et triompha de la nature. Il
savoit maîtriser tout ; mais il n'avoit pas appris
à se dompter lui-même , et souvent il retrouvoit
au sein de son association tous les dangers qu'il
avoit voulu fuir. Ses passions plus actives , ren-
controient sans cesse un aliment nouveau ; et leur
choc toujours impétueux , étoit toujours terrible.
Il fallut donc qu'il cessât d'attaquer , pour n'être
plus réduit à se défendre ; il fallut qu'il renonçât
à sa volonté , pour acquérir un droit sur celle
des autres. Chacun se dépouilla , en quelque sorte ,
de ses forces ; et les remit en une masse commune ,
qui devint la force publique , ou l'instrument qui
dirige tous les mouvemens de cette vaste machine :
c'est ce que nous nommons , le gouvernement.

Ainsi la société a dû sa naissance à nos besoins ,
et le gouvernement à nos vices. L'une a été ins-
tituée pour faire le bien ; l'autre est la sentinelle
toujours vigilante chargée d'écarter le mal ou de
réparer.

Il peut donc exister autant de formes de gouvernement , qu'il y a de sociétés différentes , ou
qu'il a plû à celles-ci de les varier ; puisque l'objet

des gouvernemens est de faire exécuter les loix que les sociétés rédigent et dont elles leur confient la surveillance. Ce sont les conventions qui règlent ces associations diverses, que l'on appelle pacte ou contrat social. Rousseau, dans son traité profond sur cette matière, a eu pour but principal, d'examiner les bases qui l'établissent, et sur lesquelles il repose.

L'immense étendue du globe ; la nature différente de ses régions ; ses climats différens , qui ont apporté de la diversité dans les mœurs ; les usages des peuples qui couvrent la terre , ont dû par conséquent en faire naître dans leurs loix. Mais ces loix doivent toutes avoir le même principe et le même objet. Conserver aux hommes leur liberté ; les appeller au bonheur et à la vertu : ces trois mots indiquent les trois premiers besoins que la nature nous a donnés ; par-tout elle les a rendus aussi pressans, et par-tout les loix ont dû aider et seconder ses vœux.

J'ai parlé de liberté : et sans doute je n'ai pas entendu par-là le droit absurde, ou plutôt la licence dangereuse de faire ce qu'on veut ; mais la liberté politique, c'est-à-dire , le droit accordé à chacun de faire tout ce que les loix permettent ; de ne connoître qu'elles ; et en concourant à les former , de n'obéir qu'à soi-même.

Toutes les fois que cette condition première n'est plus suivie, le pacte social est violé, et chaque citoyen, perdant la liberté conventionnelle qu'il a volontairement substituée à celle qu'il avoit reçue de la nature, il rentre dans ses premiers droits, et l'état est détruit. En vain quelques maîtres orgueilleux ont osé combiner la ruse avec la force, pour enchaîner les hommes à leur char : en vain ils sont parvenus à leur faire souscrire les traités frauduleux qui les y attachent. Cette longue servitude prouve, tout au plus, l'insolence du despote, et la lâcheté de ses esclaves : mais elle est impuissante contre l'homme qui se refuse à les imiter. Rien n'a pu anéantir les titres qui prouvent et appuient ses droits ; rien n'éteint, rien ne détruit ceux de cette espèce ; aussi anciens que le temps, ils sont sacrés comme la nature.

Eh, quoi ! il a fallu des livres, pour annoncer cette vérité si simple ! il a fallu des siècles pour l'entendre ! pendant des siècles, on a pu s'imaginer, que le genre humain appartenoit à une centaine d'hommes ; que chaque peuple étoit la propriété d'un maître ! On a trouvé des philosophes qui ont osé le dire, et tous les hommes ont été assez stupides pour le croire, ou assez vils pour feindre de le penser ! Il est temps sans doute de venger l'humanité ; une plus longue tolérance de-

viendroit prévarication. Mais si c'est un devoir
de révéler à la multitude ces précieux secrets,
c'en est un aussi impérieux de ne lui confier de
pareilles armes, qu'avec de grands ménagemens.
L'usage en est souvent dangereux, parce qu'il est
toujours près de l'abus; et plus d'une fois, des
peuples dans les premiers accès de leur ivresse,
les ont tournées contre eux mêmes et rejéttées ensuite avec effroi. Rousseau leur a appris à s'en
servir; il leur a fait connoître avec quelles sages
mesures il falloit les employer. Suivons-le aussi
dans cet examen de nos devoirs: la leçon des
peuples est aussi nécessaire que celle des rois.

La liberté, ai-je dit, n'est autre chose que
l'obéissance à la loi, et la loi est le résultat de la
volonté générale. Il ne peut donc en exister,
qu'autant qu'elle aura été consentie par tous les
membres de l'association, ou par ceux qu'ils auront
chargés volontairement de les représenter. Il est
difficile de faire des loix, dont les passions des
hommes n'abusent pas; que seroit-ce donc, si elles
étoient faites par la passion elle-même? Ce qui
arrive presque toujours, lorsqu'elles sont l'ouvrage d'un seul homme. _

_On a bien moins ce danger à craindre, toutes
les fois que le peuple contracte avec lui-même;
c'est-à-dire, le peuple en corps, comme souve-

rain ; avec les particuliers comme sujets. Alors
cette convention ou loi, est tout à la fois et nécessairement, légitime ; elle a pour base le pacte
social ; équitable, elle est commune à tous les
citoyens ; elles les soumet tous aux mêmes conditions ; utile, elle ne peut avoir pour objet que
le bien général ; car chacun en y concourant s'est
occupé de lui ; en votant pour tous, il a cherché son bonhenr particulier ; elle est solide enfin,
puisqu'elle a pour garant le concours de toutes
les forces de l'état : rien ne peut donc autoriser la
plus légère infraction à la loi qui a reçu cette
sanction auguste. Celui qui cherche à s'y sous-
traire ou à en éluder l'exécution, devient cou-
pable ; quel qu'il soit, la rigueur pour lui est un devoir, et l'indulgence un crime. C'est cette complaisance qui trop souvent répétée, use le ressort
des loix, et précipite l'état vers sa ruine. Qui dit une
loi (1), dit une chose devant laquelle tout citoyen
doit trembler, et le roi tout le premier.

Ces principes sont, comme on le voit, les ré-
sultats de la nature des choses. On conçoit combien les conséquences qui en dérivent à leur tour,
sont simples et faciles. Il doit exister dans un état
deux puissances très-distinctes et dont la réunion

---

(1) Gouv. de Pol. Ch. X.

assure les plus grands maux ; la puissance législative, qui appartient au souverain seul, et qu'il
ne peut jamais aliéner ; la puissance exécutive qu'il
transmet comme il le veut, mais qu'il est obligé
de transmettre à d'autres. La première est l'ame
du corps politique, elle lui donne le mouvement
et la vie.

Les actes qui émanent de la puissance législative, sont les registres de la volonté générale ou
les conditions de la société. Mais par la même raison, que les associés seuls peuvent les régler et
les fixer, ils ne peuvent y assujettir qu'eux. On
peut bien vouloir pour soi, mais non pas pour
les autres ; mais non, pour celui qui est à des
siècles peut-être de son existence. Un peuple est
donc toujours le maître de changer sa constitution,
il l'est à bien plus juste titre de s'en donner une,
quand il en manque ; il l'est, de briser ses fers,
quand courbé sous le joug, il lui plaît de s'en
lasser et de le secouer. Tous les peuples l'ont porté, et on doit peu s'en étonner : il n'est pas une
puissance, une autorité sur la terre, qui ne tende
au despotisme : par-tout, les traces de la tyrannie nous apprennent que son empire a été universel ; on voit son nom souiller presque toutes les
pages des annales du monde. Mais elle a tenté vainement d'étouffer le patriotisme et le sentiment de

la liberté. Il est un asile où elle ne peut ni l'atteindre ni le détruire, c'est le cœur de l'homme. Il sommeille quelquefois long-temps dans ce sanctuaire ; mais tout-à-coup l'orage gronde, et son réveille est terrible.

Quand la nation rentre alors dans ses droits, elle reprend une force nouvelle ; mais souvent nuisible dans ses premiers momens. Soumis en tout aux loix de la nature, les corps politiques sont sujets comme tous les autres, aux dangers d'un accroissement trop prompt : mais le péril passe et la vigueur reste. C'est alors, quand le corps de l'état est robuste et sain, qu'il faut tarir sans hésiter, la source des usurpations et des abus. Si l'on n'a pas cette courageuse témérité, la racine du mal subsiste, et ses rejets ne tarderont pas à paroître. Ne prétendre apporter que de foibles palliatifs, c'est vouloir guérir un malade dont le sang est corrompu, en traitant séparément quelques-uns des ulcères qui couvrent son corps. Le peuple qui se renouvelle ainsi lui-même, retrouve toute sa fraîcheur et la vivacité du premier âge ; il s'attache à des loix qui flattent son orgueil ; et ses premiers transports ont le charme et la délicieuse ivresse des premières passions.

Il faut bien se garder de contraindre ou d'étouffer cette effervescence ; elle seule fait un culte de

l'amour de la patrie ; elle seule peut échauffer l'instinct sublime qui créoit les prodiges dont nous
a mons fant à retrouver l'histoire, dans les annales
de Sparte et de Rome. Mais il faut la diriger avec
soin ; et tel doit être le premier objet d'une
constitution nouvelle, qui rajeunissant les loix
d'un peuple corrompu, rappelle dans son sein la
liberté et l'égalité : qu'il se souvienne sans cesse,
celui qui remplit un ministère aussi saint, que la
force législative doit régner sur le cœur des
citoyens. S'il n'atteint pas ce but, il n'a rien fait :
il aura toujours besoin d'autorité ; pour être obéi,
il faudra toujours ordonner, enchaîner, d'étruire
et combatre.

 Faites du patriotisme une passion, et bientôt
toutes les autres y seront asservies : que chaque
citoyen aime ses loix et sa patrie : environnez-le
de tous les liens qui peuvent l'y attacher ; souvent
les plus simples, les plus frivoles en apparence
ont une grande force. Quelques chants d'Homère,
quelques scènes d'Eschyle et de Sophocle ont peut-
être décidé l'heroïsme de Léonidas. Il n'a fallu à
Numa que des cérémonies religieuses ; et les loix
de Numa, ont formé Paul-Emile et Caton. Que le
doux nom de patrie soit le premier que l'enfant
apprene à bégayer ; et le dernier qui, dans un âge
avancé, erre encore sur ses lèvres mourantes ;

alors vous aurez des hommes. L'esclavage ne s'assied qu'au milieu des vices ; mais la vertu fut toujours compagne de la liberté.

On conçoit assez, que ce n'est pas avec de l'or qu'on fait naître et qu'on récompenſe cette pasſion. Par la même raiſon, on ne la trouvera jamais dans un état, où le peuple toujours méprisé est toujours sans influence. Le peuple ſans influence ; des hommes méprisés ! Dans un état, où l'improbation de la loi est sans effet ; où l'on ne respecte que les préjugès ; où l'on ne craint que le ridicule ; où l'insolence de l'égoïsme, et le délire du luxe, ont corrompu tous les sentimens les plus doux, et presque anéanti la nature ; dans un état où tout peut se vendre et s'acheter ; où les charges publiques sont une propriété et peuvent devenir une succession ; où l'on ne cherche qu'à jouir ; où l'on ne court qu'après l'illuſion et le mensonge du plaiſir ; dans un état enfin, où l'on s'occupe à être riche, et jamais à être heureux.

C'en eſt fait, dit Rousseau ; d'un peuple réduit à cette triste dégradation ; il tenteroit en vain de secouer ses fers et d'échapper à sa honte ; on acquiert la liberté , mais on ne la recouvre jamais. Cette idée effrayante est reproduite dans plusieurs endroits de ses ouvrages ; seroit-elle donc vraie ? Elle nous touche de trop près, pour que nous ne nous occupions pas à l'examiner.

Il en est de la servitude comme de l'ignorance ;
toutes deux détruisent l'énergie, ou sont détrui-
tes par elle : quand celle-ci est foible et chancelante, le combat qu'elle présente n'est pas douteux ;
mais il peut souvent apporter de grands maux ; et
sa frivole existence alors, loin d'être un bienfait,
devient le fléau le plus à redouter.

Le sentiment qui exagéroit à Rousseau les périls
auxquels se trouve livré le peuple qui échappe
aux ténèbres, lui a persuadé également que le
corps politique une fois dissous et corrompu, ne
pouvoit plus hasarder que des efforts éphémères
qui épuisent le reste de ses forces. Selon lui, c'est
un phosphore éteint, que le frottement ranime
encore ; mais dont la lueur pâle et incertaine ne
donne plus qu'un dernier et léger éclat.

Dans l'une et l'autre hypothèse, le principe
de son erreur est le même. J'ai dit plus haut, qu'il
s'étoit trompé, en confondant la nation qui acquiert des lumières, et celle qui jouit de lumières
acquises. Ici j'aurai à lui reprocher également
de n'avoir pas distingué le peuple soumis à la servitude des préjugés, de celui qui n'a eu que les
préjugés de la servitude. L'inertie naturelle à
l'homme, enchaîne le premier à son état ; il est
esclave, mais il est tranquille ; et jouissant en paix
des perfides secours que la tyrannie procure sou-

vent à ceux qu'elle asservit, il se fait un devoir à la longue de sa résignation, de sa bassesse même; et il porte sans inquiétude au joug auquel il croit que l'a condamné la nature. Si quelquefois des cris de liberté viennent interrompre son long sommeil, il s'agite un moment, il s'effraye; et dégoûté bientôt du despotisme et de la liberté, il retombe, baise de nouveau ses chaînes avec respect, et rentre dans son premier marasme.

L'autre au contraire n'a eu besoin que de lumières, pour guider et éclairer sa marche. Il n'étoit esclave que de l'habitude; mais quand la douleur vient l'y arracher; quand le sentiment de ses maux, s'aigrissant par de continuelles persécutions, le rappelle à de nouvelles idées et lui fait soupçonner ses droits; il les étudie alors; et s'il est capable de les concevoir, s'il peut s'élever une fois à cette grande idée, que l'insurrection devient pour l'opprimé, un devoir : la fierté bientôt l'élève au-dessus de la terreur. L'horreur du passé, dit Rousseau lui-même, lui tient lieu d'oubli ; il sort en quelque sorte du néant : il acquiert une nouvelle vie.

Ce moment devient celui des plus grands dangers; il doit craindre alors et les ennemis qu'il combat, et souvent plus encore les prétendus amis qui veulent le défendre. Le masque de la liberté est sur tous les visages ; il faut qu'il sache l'arracher, et découvrir dans les traits de chacun l'empreinte des passions qui l'agitent. Qu'il craigne également, et la confiance trop aveugle qui le livreroit à de nouveaux oppresseurs , et la défiance absolue qui l'abondonneroit à lui seul. Il ne peut guères, il est vrai , échapper pour quelques instans aux convulsions de l'anarchie ; mais ces sages précautions en diminueront les effets et la longueur. L'anarchie n'est point un état de la nature : et quoi qu'en disent ceux qui , faits pour être esclaves, apprécient les autres hommes d'après le mépris dont ils se sentent dignes , les maux passagers de l'anarchie ne peuvent compenser l'opprobre d'une longue servitude. Cette agitation du moment peut d'ailleurs quelquefois devenir nécessaire : la liberté ne convient ni à tous les hommes , ni à tous les peuples : c'est un aliment de bon suc, dit Rousseau, mais de forte digestion. Il faut des estomacs bien sains pour le supporter. C'est dans ces secousses que l'on reconnoît si la nation est capable de l'énergie nécessaire pour s'élever à la hauteur où elle ose prétendre : semblable à ces corps d'où un choc violent fait jaillir des étincelles , et annonce la présence du feu qu'ils renferment.

L'histoire servira mieux encore que tout ce que je pourrois dire, pour combattre le prin-

cipe

cipe effrayant de Rousseau. Quel étoit l'état de Sparte, lorsque Lycurgue lui donna des loix; celui de Rome, après l'expulsion des Tarquins; et de nos jours, celui de plusieurs des peuples qui nous ont instruis par leur fautes et leur exemple ? Sparte, Rome, n'ont-elles donc pas été libres ? L'Angleterre, la Hollande, la Suisse, l'Amérique, ne le sont-elles plus ? N'avoient-elles pas été toutes auparavant, garottées des liens les plus honteux ? n'avoient-elles pas été le jouet et l'esclave des vices qui accompagnent la tyrannie ? Rousseau le savoit : il a connu, n'en doutons pas, la possibilté de nous arracher à la honte et à l'esclavage. Eût-il désespéré de notre liberté, celui qui semble n'avoir pensé, parlé, vécu même que pour nous l'assurer ? Mais en paroissant se défier de nos forces, il a voulu ranimer notre fierté : il a voulu exciter, échauffer les mouvemens violens qui pouvoient seuls briser les chaînes qui nous enlaçoient. Oui, nous serons libres : il nous a appris à le devenir ; il nous a appris sur-tout à conserver ce premier de tous les ; biens, et ses leçons qui ont guidé nos premiers pas, assureront notre marche à l'avenir. N'ont-elles pas germé enfin, ces semences précieuses qu'il répandit aussi chez un autre peuple ; assez sage pour lui demander des loix, assez heureux aujourd'hui pour les adopter ? Les cris d'allégresse et de reconnoissance , dont retentissent à ce moment les bords de la Vistule, nous apprennent que c'est lui , qui a délivré la Pologne de la féodalité qui l'énervoit , et qu'il a brisé enfin le joug de l'humiliante et despotique aristocratie que qui l'avilissoit. N'avons-nous donc pas comme elle , et plus qu'elle peut-être , l'expérience pour instruire ; de longues souffrances pour nous éclairer , et les lumières des siècles pour nous conduire ? Eh ! que ne doit-on pas attendre d'un peuple , qui rassemblé pour se donner une constitution , élève au milieu même de l'enceinte auguste dans laquelle il dicte ses loix , une pyramide à l'auteur du contrat social ; et annonce par cet emblême éloquent, que l'ame de ce grand homme y respire ; et qu'il sait apprécier ses travaux et ses bienfaits ?

Un grand état parut toujours à Rousseau , une sorte de monstre politique, dont les formes ne peuvent guères être que vicieuses , et dont le gouvernement est moins susceptible de perfection. Comment en effet , imprimer le mouvement et la vie à ces masses effrayantes , et diriger tant de ressorts qui se heurtent et se gênent sans cesse ? Il n'y a point de politique sans morale , point de loix sans mœurs ; et comment

assurer leur empire, comment établir une constitution dans un état, où chaque citoyen peut,
en se perdant dans la foule, échapper à la surveillance du magistrat; et le magistrat à celle
de la loi? Puisque les citoyens d'ailleurs, ne doivent obéir qu'à la volonté générale qui renferme
celle de chacun d'entre eux, il faudroit pour être
conséquent et juste, que chacun concourût in-
dividuellement à la former. *La souveraineté* qui
appartient à tous, inaliénable par sa nature, ne
peut pas, selon lui, par la même raison être
représentée (1). Les Grecs, les Romains faisoient
tout par eux-mêmes, et s'occupoient peu de
l'embarras que leurs nombreuses assemblées en-
traînoient : où le droit et la liberté (2) sont tout,
les inconvéniens ne sont rien. Cependant dès que
l'état s'aggrandit, dès que ses limites reculées
au loin, embrassent une étendue immense, il
faut bien que chaque membre de l'état trans-
mette sa volonté à un petit nombre. S'il est sous
le joug, il doit le secouer et le briser : quelque
forme qu'il adopte, continue Rousseau, il fait
bien ; et il n'en est aucune qu'il ne puisse employer, si par son secours, il parvient à recou-

---

(1) Ch. XV, Liv. XXIII.
(1) Id.

vrer sa liberté. Les mauvaises loix (1) en ame-
noient de pires, de bonnes en feront faire de
meilleures.

On a paru regretter souvent que Rousseau
n'ait pas tracé le code des loix qui doivent
assurer la tranquillité et le bonheur. Mais n'a-
t-il pas rappellé, et puisqu'il le falloit, n'a-t-il
pas prouvé que tous les hommes sont égaux
et libres ; que les droits qu'ils tiennent de la nature sont par-tout et pour tous les mêmes? Toute
constitution qui n'est pas établie sur cette base
est vicieuse ; toute loi qui contrarie ce principe
est un crime. Souvenez-vous, a-t-il dit (2), que
les murs des villes ne se forment que du débris
des maisons des champs. Que pouvoit-il ajouter
de plus ?

J'ai dit que la souveraineté étoit indivisible.
La puissance exécutive qui doit en être séparée
n'en fait donc pas partie : elle n'en est qu'une
émanation. Cette nouvelle puissance est la seconde
roue qui aide à faire mouvoir la machine politique ; mais elle obéit à l'autre, c'est le lévier que
la volonté dirige. Dès-lors ceux qui en sont les
dépositaires, ne sont que les ministres de cette

---

(1) Chap. XV, Liv. XXIII.
(2) Ch. XIII, Liv. III.

volonté : c'est de la distribution exacte de ces deux espèces de pouvoirs, que dépend la plus grande perfection de la liberté politique. Rousseau définit la puissance exécutive ou le gouvernement ; un corps intermédiaire établi entre les sujets et le souverain pour leur mutuelle correspondance, chargé de l'exécution des loix et du maintien de la liberté.

La raison nous apprend et l'expérience confirme, combien il est dangereux que cet équilibre cesse, et combien le gouvernement emploie toujours d'efforts pour le détruire. Il est peu de nations qui puissent se glorifier de cet état inébranlable et solide, où toutes les parties tendent à leur but, sans se heurter, sans se nuire ; et y arrivent sans s'être combattues. A peine en trouve-t-on chez qui on puisse remarquer encore ces fatiguantes et pénibles oscillations qui prouvent au moins que le peuple a conservé le sentiment de ses forces. Le despotisme, sans doute, a ses degrés ; mais il règne, dès l'instant où il n'y a plus d'autre souverain que le prince ; dès que celui-ci institue les loix et les exécute ; dès qu'un même homme est devenu le point unique et central où tout aboutit. Sa volonté suffit pour étendre, changer, modifier ou interpréter les loix ; mais sa volonté sera-t-elle autre chose que ses passions ou le résultat de ses intérêts? Et combien il seroit effrayant qu'elle ne le fût pas! Malheur au peuple, dont le despote peut vouloir sincèrement le bien. Il se livre avec confiance à sa justice, à sa bonté; il dort en paix sous sa garde; ses forces s'énervent bientôt, et on le dépouille facilement de ses droits; souvent à son réveil, il en a même perdu le souvenir. Ah! sans doute, c'est à ce fléau terrible qu'ont dû les liens qui les enlacent, ces hordes infortunées, pour jamais réduites à l'abjection et à la servitude. Elles eussent pu les briser dès l'origine, si elles en avoient senti la pesanteur; mais le temps les a consolidés et les rend indestructibles.

Rousseau s'effraye avec autant de raison, du danger qui menace l'état, lorsque le corps législatif à son tour usurpe ou confond tous les pouvoirs. Il ne doit en posséder qu'un; c'est celui de commander à la loi: mais s'il prétend encore la faire exécuter, s'il unit à la volonté qui statue sur les choses, la force qui agit sur les personnes: rien ne pourra contrebalancer cette masse effrayante qu'il va diriger, et qu'il fera peut-être mouvoir à son gré. Sous cette sorte d'aristocratie oligarchique, la nation est toujours esclave: et qu'importe, lorsqu'elle ploye sous le joug, que le mot de *liberté* soit écrit sur ses chaînes.

Résumons. Que la puissance législative et souveraine réside dans le peuple : que toutes les autres en soient séparées et lui obéissent, parce que toutes lui sont subordonnées : que les dépositaires de ces différens pouvoirs n'agissent jamais de concert : dès qu'ils s'unissent, ils deviennent oppresseurs. Qu'ils se surveillent mutuellement ; et qu'ils soient surveillés sans cesse par la nation qui leur a confié leur autorité, et à qui ils doivent compte de l'usage qu'ils en ont fait. Tel est le précis de la doctrine simple et facile qui assure la liberté politique dont tout citoyen doit jouir.

L'ouvrage profond que Rousseau nous a donné sur cette matière, et qui énonce ces principes, n'étoit, il nous l'apprend lui-même, que l'extrait d'un plus grand ouvrage. On ne doit donc pas s'étonner, si on y rencontre souvent des lacunes, quelquefois même des contradictions. Quel est le livre du génie qui ne présente pas d'erreurs ? Montesquieu prit un vol plus élevé et tomba plus souvent : Rousseau s'est moins éloigné de nous, et nous conduit d'un pas plus sûr. Le premier nous invita à la recherche de nos droits, mais il se contenta d'indiquer la route qui devoit nous y conduire : le second est venu nous trouver dans le sentier où nous nous égarions, et nous a menés au but. L'un a tracé un tableau vaste et sublime des loix que les nations ont faites ; l'autre, plus utile, leur a appris à les faire. Montesquieu nous a éclairés, et nous nous énorgueillissons avec justice de son ouvrage ; mais il nous a laissés encore les enfans de l'Europe : avec Rousseau, nous en devenons les hommes. Sans doute, il faut placer religieusement l'Esprit des Loix au fond du sanctuaire ; mais on pourroit, dès aujourd'hui, en jetter la clef : et de longtemps nous ne devons marcher que le Contrat Social à la main.

Si le chef - d'œuvre de l'esprit humain est de pouvoir joindre à la profondeur du génie, toutes les richesses de la plus brillante imagination : qui a poussé plus loin que ces deux écrivains, cet art étonnant de verser des charmes sur les matières qui en paroissent le moins susceptibles ? Le pinceau délicat et aimable qui avoit écrit les Lettres Persanes, annonçoit et promettoit l'Esprit des Loix ; et souvent, dans le Contrat Social, on retrouve l'auteur d'Héloïse.

Ce mot me rappelle à Rousseau : il me rapproche en quelque sorte davantage, de l'homme que mon esprit a besoin d'admirer, il est vrai ; mais que mon cœur a un besoin encore plus pressant d'aimer. Il est trop difficile de mettre de l'art dans un éloge dicté par le sentiment. Quittons, il en est temps, et la discussion et ses formes mé-

thodiques : laissons vaguer notre ame, en cher-
chant celle de Rousseau dans ce qu'il a écrit, dit
et pensé : examinons le rapport de son esprit et
de son cœur, de son caractère et de ses ouvrages ;
parlons de lui enfin. Parlons de ses bienfaits, de
notre injustice et de ses malheurs.

Ce qui caractérise sur-tout Rousseau, ce qui
le distingue de tous les autres écrivains, c'est
son élocution ; cette onction pénétrante qui
porte dans tous les cœurs la chaleur de son
ame : dès qu'il exprime un sentiment, il le fait
naître ou il l'embrase dans celle de ses lecteurs.
Toutes ses productions portent la même empreinte,
le même caractère. Que l'on y rencontre ou non,
les élans majestueux de son génie ; on y trouve
toujours sa touchante sensibilité ; toujours la force
y est adoucie par la grace : toujours il sait embellir
la raison ; il sait la rendre aimable et la faire aimer.
lorsqu'il peint la nature, la vertu ; elles semblent avoir préparé elles-mêmes ses couleurs ; ou
plutôt elles semblent, pour plaire, avoir em-
prunté son organe. D'autres ont été aussi élo-
quens que lui ; d'autres ont su comme lui, maîtriser les sens, l'esprit et la pensée : ils ont connu
mieux que lui peut-être, l'art d'étonner l'homme
en le forçant à s'élever, à descendre, à s'élever
encore avec eux. Aucun n'a su comme lui, nous

rendre à la vérité. Tandis que les autres ne paroissent s'occuper qu'à nous faire sortir, qu'à nous tirer en quelque sorte de nous-mêmes ; Rousseau nous y fait rentrer, et nous apprend à y trouver les plus douces jouissances. Pascal eut plus d'élévation ; Montesquieu plus d'énergie ; Bossuet plus de sublimité ; Buffon plus de richesse et de pompe ; Fénélon avec la pureté de son style, eut autant de graces et la même abondance de sentimens. Aucun d'eux ne règne sur nos cœurs avec autant d'empire ; aucun n'a su nous rendre aussi cher le joug auquel il nous soumet, et nous y attacher par des liens plus difficiles à rompre. Osons le dire à ceux qui pourroient l'ignorer : chez presque tous les écrivains, l'homme souvent est bien différent de l'auteur ; il y a presque toujours un long intervalle entre lui et ses productions : celles de Rousseau sont des créations de son ame et de véritables émanations de lui-même. Chez les autres, on voit que les sentimens sont dans la tête ; et chez Rousseau les idées même, les pensées naissoient de son cœur.

On eût dit que cette ame expensive et douce sembloit vouloir s'étendre et planer sur l'univers ; Rousseau paroît l'avoir versée dans ses écrits, et ses écrits s'embellissent de toute la beauté de son ame. Voilà ce qui leur a donné ces nuances si délicates, tant de facilité sans négligence , tant d'abandon sans langeur , et cette mélodie pleine de mollesse et de sensibilité. Voilà ce qui animoit son style ; ce qui répandoit sur tous ses tableaux un coloris si frais , une volupté si touchante ; et leur donnoit à tous le charme de la vertu et les graces de l'innocence.

Ne soyons pas surpris , si les sentimens doux et affectueux que nous éprouvons pour Rousseau diffèrent tant de ceux que nous accordons aux écrivains qui ont le plus de droits à notre admiration. Il pénètre pas-à-pas dans le cœur de ceux faits pour l'entendre ; il a bientôt acquis toute leur confiance , et toujours il les persuade sans les fatiguer. Les femmes semblent lui pardonner d'avoir trahi le secret de leur foiblesse , d'avoir rendu leur ame moins invisible : et pour la première fois peut - être , elles ont sacrifié leur amour propre à l'amour qu'il leur inspire. Qui de nous , s'il est sensible , s'il est digne de juger ce grand-homme , n'eût pas mis son bonheur à l'avoir pour ami ; qui de nous , n'a pas partagé ses infortunes ou ses trop courtes jouissances ? Qui n'a pas voué de la haine à ceux qui ont empoisonné ses jours ; qui ne croit devoir de la reconnoissance à ceux qui ont su en embellir quelques instans ? Sans doute il faut le plaindre de les avoir quelquefois méconnnnus ; il faut craindre sur-tout de partager les injustes défiances qui le poursuivoient trop souvent dans le sein de l'amitié. Il avoit cru long-temps tous les cœurs faits pour recevoir le sien ; il s'y précipitoit avec transport ; et quand ensuite il ne s'y trouvoit pas à l'unisson ; quand ce besoin d'être aimé qui le dévoroit, n'étoit pas complettement satisfait : il s'entouroit de ténèbres alors, et leur teinte s'embloit se répandre sur tous les objets dont il étoit environné. Sensible, affecteux dans ses désirs, il croyoit avoir le droit d'exiger des autres ces passions expensives et douces, ces penchans aimans et aimables, qui composoient en quelque sorte son existence, et donnoient un ressort si puissant à toutes ses facultés.

Jamais il n'y eut d'homme plus facile à connoître ; jamais il n'y en eut vers lequel on se sentit élancer avec plus de force après l'avoir connu quelle aménité dans ses idées, quelle sensibilité touchante elles respirent ! Ah ! on ne commande pas à celles qui s'énoncent ainsi ; elles viennent de l'ame ; l'ame seule peut les faire naître, et l'esprit avec toute sa souplesse, n'en seroit au plus que le grossier mensonge. Soit que Rousseau se livre à quelques émotions heureuses ; soit que plus souvent, desséché par les ennuis, flétri par la douleur, persécuté, proscrit et malheureux, il fût réduit à s'isoler sur la terre et à fuir les hommes ; l'a-t-on jamais entendu se plaindre avec aigreur, ou les accuser avec amertume ? Il cherchoit la nature alors : et en retrouvant quelque chose à aimer, il retrouvoit encore le bonheur. Qu'il est doux de le suivre dans de pareils instans ! J'ai cru sentir quelquefois mon ame errer autour de la sienne ; il me consoloit lui-même, des maux dont on l'avoit accablé ; il me réconcilioit avec les hommes : et c'étoit de lui que j'apprenois encore qu'ils sont nés bons, et qu'il ne faut que les plaindre de ce qu'on les a corrompus.

Vous tous qui savez aimer, et qui êtes faits pour connoître la véritable félicité ; venez, suivons-le dans les bosquets de Clarens : voilà son vrai domaine ; les lieux dans lesquels il faut le chercher et s'égarer avec lui. Quel calme heureux, quel air frais et pur on y respire ! C'est-là, que loin des préjugés, des passions factices qui nous agitent et nous fatiguent, on peut encore jouir de l'existence. Toutes les émotions douces et bienfaisantes, semblent y pénétrer par tous les sens ; on y retrouve Julie, Rousseau ; et avec eux, l'innocence et la vertu : il semble qu'on y respire leur ame, et qu'on s'imprègne de leur bonheur.

Lorsque troublé par des sentimens pénibles, vous ne saurez plus jouir de cette voluptueuse sérénité ; lorsque vous ne pourrez vous plaire à la vue de ces types rians et heureux: venez encore avec lui , suivez - le dans les rochers de Millery ; il y a préparé un asyle pour l'infortune. La nature s'y revêt de formes plus touchantes : il l'a peuplée d'êtres nouveaux qui semblent attendre votre cœur, pour lui servir d'appui. Qui connut mieux que Rousseau les besoins du malheur ; qui sût mieux que lui , comment il falloit le secourir ? Apprenez de lui , à composer avec votre imagination ; apprenez à jouir de l'espérance , ou de l'illusion ; ce fantôme brillant qui marche devant la gloire et le plaisir : apprenez de lui sur-tout à fixer la mesure de vos maux et à vous y restreindre. Qui auroit le droit de l'aggrandir, lorsqu'on voit Rousseau en resserrer si étroitement les limites ; lui, le plus infortuné de tous les hommes.

Il fut donc malheureux , celui à qui nous eussions dû composer une existence , de tout ce qu'il y avoit de plus doux dans la nôtre : celui que la nature sembloit avoir placé parmi les hommes, comme un génie bienfaisant destiné à les éclairer , à les unir, à les consoler. Ils l'ont abreuvé d'amertume , ils l'ont couvert d'opprobre! Son ame expansive et douce , froissée par la crainte et la douleur, n'a pu se replier que sur elle-même ; et réduit à fuir d'asyle en asyle, il n'a trouvé par-tout que des persécuteurs : par-tout il n'a entendu que les cris de l'envie on les hurlemens du fanatisme. Il fut malheureux! ce mot a retenti jusqu'au fond de mon cœur.

Que répondrez-vous , juges insensés , qui avez donné le signal de la persécution, et dirigé vous-mêmes, les coups dont on l'accabloit ? Vous flattez-vous, que vous pourrez encore vous entourer de vos bûchers ? Ah! leurs flammes sont éteintes , et vous tenteriez vainement de les rallumer. Elles n'ont heureusement dévoré ni son nom , ni ses ouvrages : la poussière dont vous avez prétendu les envelopper, s'abaisse et tombe; et ils subsisteront à jamais pour la gloire de son siècle et le bonheur des hommes. Mais il ne doit pas nous suffire de vous accabler de son triomphe: notre devoir peut-être seroit de vous traîner à la postérité, et lui dénoncer tous les attentats dont vous avez été au moins les complices : si la postérité, pouvoit en le lisant , suspendre ou refroidir ses transports pour s'occuper de vous.

Gardons-nous de taire cependant, que Rousseau ne fut pas toujours exempt de reproches

et de blâme. S'il est difficile de trouver un cha-
pitre entier de son histoire à déchirer; il est
quelques pages au moins qu'on regrette d'y lire.
Le dirai-je ? Plus d'une fois j'y ai arrêté mes
regards avec fierté : j'ai cru éprouver une sorte
de besoin de me rappeller qu'il eut des défauts,
et que je ne pouvois lui accorder que de l'admiration et de l'amour. Mais qu'elle devient plus
imposante cette admiration, lorsque je le vois,
triomphant de l'orgueil, publier lui-même pour
notre instruction, la confession de ses torts.
L'histoire de son génie étoit dans ses ouvrages;
il a écrit celle de son ame. Tout ce qu'il a fait,
tout ce qu'il a senti, pensé même, il l'a dit : et ni
l'esprit, ni le mensonge n'imitent de pareils
accens. Quelle étonnante leçon, quel spectacle
majestueux ! l'homme de la nature qui s'expose
nud à tous les regards, et qui montre ses formes et ses imperfections à ceux qui sauront ou
qui oseront les peindre ! D'autres l'ont dit avant
moi; il n'est pas de morale plus instructive,
plus pressante que celle renfermée dans ce livre.
Dans Emile, dans le Contrat social, Rousseau
avoit donné le Catéchisme du citoyen : dans ses
confessions, il a publié celui de l'homme. Et
certes! celui-là est bien fait pour honorer l'humanité. Qui de nous osera l'imiter; qui aura

la

la même franchise ? Qui osera dire qu'il n'a que les mêmes torts à expier, et qui les expiera jamais d'une manière plus utile ?. Chacun de nous ne paroît être occupé qu'à voiler, pour ainsi dire, son ame avec son esprit : chacun tremble peut-être de la sonder lui-même dans le silence et d'y pénétrer en secret. Nous croyons connoître le cœur humain, parce que nous l'avons étudié dans des traités métaphysiques; ou parce que nous l'avons apperçu à travers un masque façonné par l'art, et qui en conservoit à peine l'image : il faut voir l'homme dans l'homme, pour apprendre ce qu'il est: Rousseau est le premier qui ait eu le courage de le montrer. Cette entreprise est hardie, sans doute, et l'écrit dans lequel il a osé l'exécuter, ne peut être que l'ouvrage d'un homme de bien.

Il n'est aucun de ceux de Rousseau, dans lesquels on ne le retrouve, et qui n'aide à le juger. Dans tous, il est le même; ou plutôt tous ses ouvrages sont *lui* : mais c'est dans ses confessions, sur-tout, qu'on reconnoît cette empreinte de l'homme; c'est-là qu'il déploye plus particulièrement son caractère: laissons à d'autres le soin de remarquer l'éclat qui se mêle à tous les évènemens de sa vie; ou plutôt l'intérêt tendre et pressant qu'ils inspirent, et qui

souvent en embellit les plus petits détails. Je
vais rassembler autour de cet écrit, les accu-
sations dont il a été le prétexte; ou auxquelles
il a servi de fondement : non que j'ose prétendre justifier Rousseau; il ne m'appartient pas
plus de le défendre que de le louer, et d'ailleurs
je n'ai rien à dire à ceux à qui il faudroit apprendre à le connoître.

Sa vie fut en tout conforme à ses maximes,
et chacune de ses actions parut en être le développement. Pourquoi donc sommes-nous con-
venus de blâmer dans sa conduite, les principes
que nous applaudissons avec enthousiasme dans
ses écrits ? Pourquoi nous refusons-nous à respecter dans son cœur, cette vertu modeste et
timide, dont le tableau céleste nous enivre sous
ses pinceaux ? Il fut singulier, disons-nous, pour
excuser nos jugemens. Oui, sans doute, il le
fut : il dut sur-tout nous le paroître. Con-
noissons-nous beaucoup de grands hommes qui
aient été de leur siècle ? Socrate ou Caton vivans
parmi nous, eussent-ils adopté plus facilement
nos principes de convenance et l'accent de nos
passions ? L'intérêt, les préjugés, l'abus des sentimens, ont élimé tous les nôtres ; il nous reste
à peine quelques sensations ; et l'on s'étonne que
l'homme de la nature nous paroisse étranger ; on

s'étonne qu'il ait refusé de se ployer à nos usages !
convenons cependant qu'ils ont paru trop l'éloi-
gner de nous quelquefois. Aigri par l'injustice,
il prit pour guide une imagination trop prompte
à s'effrayer ; son ame se resserroit alors ; elle se
comprimoit avec trop de force. Mais seroit-ce à
nous à lui faire un crime d'avoir été malheureux?
Il a fui les hommes ; mais les hommes ne l'avoient-
ils pas chassé? Il eût pu les haïr, il se contenta de
les craindre.

Cette agitation continuelle, ce froissement
entre ses idées et ses sentimens, égarèrent à la
fin son esprit et peut-être quelquefois sa raison :
il falloit bien qu'il portât les shygmâtes de l'humanité. Les facultés d'une ame si sensible, tenoient nécessairement à une organisation plus dé-
licate, à des fibres plus molles : j'avouerai, si l'on
veut, qu'il ne ressembla pas aux autres hommes :
mais les autres n'ont pas fait Heloïse, Emile et le
Contrat social. Posséderions-nous ces chefs-d'œuvres, s'il leur eût ressemblé.

Je n'en dis pas assez, je le conçois pour l'envie :
il faut plus que cela pour la consoler de la gloire
d'un grand homme. L'envie ! son nom viendra
donc toujours souiller le récit d'une vie éclatante ;
toujours l'éloge du génie ou de la vertu, sera l'histoire de ses manœuvres ; mais que dis-je? ne nous

en plaignons plus, ses persécutions sont devenues une récompense. La postérité saura que celui qu'elle poursuit, a voulu le bien ; et sa rage sera la mesure de l'énergie qu'il a mise à le faire. Combien elle est cruelle, cette passion! elle a assiégé sans cesse, elle a flétri l'existence de cet homme modeste et simple : il lui falloit si peu de choses pour être heureux, et son bonheur eût si peu coûté aux hommes! Il s'éloignoit d'eux pour leur laisser les honneurs, les places et la fortune ; l'envie est venu le trouver, et le persécuter jusques dans le sentier où il s'isoloit. Mais que ses efforts même décéloient son impuissance ! Elle a osé accuser Rousseau d'un orgueil insolent et bas, auquel il a sacrifié, selon elle, ses affections, son existence et sa félicité. Ainsi, ce caractère si simple, si vrai, qui ne s'est jamais démenti ; cette ame si élevée, qui s'épanchoit avec tant d'ingénuité et de franchise, et se livroit avec si peu de précautions à des élans subits et continuels ; cette conduite toujours constante, toujours conforme aux mêmes principes, à la même règle ; cette foule d'écrits enfin, tous dictés par le même sentiment, tous arrachés par la même persuasion, tous respirans un amour du bien, du juste, du beau; porté jusqu'au délire : tout cela n'étoit donc que factice ? Cette apparente sincé-

ainsi dire, de ses actions et de ses discours,
n'étoit que le fruit de l'art et du mensonge? Quelle
étonnante passion qu'un semblable orgueil, et
quel homme que celui qui savoit la manier et la
maîtriser ainsi ! Toutes les actions d'une vie si
agitée, tous ses mouvemens qui jamais ne se sont
ni heurtés, ni contredits, tenoient donc à un
même ressort ; et Rousseau avoit entre ses mains,
sans doute, le fil qui le faisoit mouvoir ?

Qu'a produit, au reste, cette vanité tout à la
fois si active et si réfléchie? Est-ce elle qui a semé
de tant de vertus la vie de ce grand homme? Est-
ce elle qui lui a donné le courage qui l'élevoit au-
dessus du malheur, et sa bienfaisante générosité
envers ceux qui l'en accabloient ? Est-ce elle qui
a fait de son ame, un modèle de perfection ; et
de ses écrits, dictés par son ame, le répertoire
des plus grandes vérités? Est-ce elle, en un mot,
qui l'a rendu l'idole des hommes sensibles et la
gloire de l'humanité ? Ah ! s'il étoit vrai qu'elle
eût créé de tels prodiges, nous devrions en faire
la première des vertus.

Non ; Rousseau n'eut jamais cette vanité d'ostentation, cette lâche hypocrisie qu'on a osé lui
prêter si souvent : il étoit trop élevé au - dessus
des autres hommes, pour être réduit à se singula-
riser : l'aigle qui plane au haut de l'atmosphère,

n'imite pas le bourdonnement des insectes, pour faire remarquer son vol majestueux : mais l'auteur d'*Emile* eut sans doute ce noble et légitime orgueil, que donne à un grand homme le sentiment de ses forces : il dut l'avoir au moins, car la nature en a fait le premier attribut du génie ; c'est un dédommagement qu'elle lui accorde pour le venger des atteintes de la médiocrité : le témoignage de son cœur le met au-dessus de l'injustice et du jugement des hommes. Qu'il est doux de pouvoir ainsi jouir de sa propre estime, et de l'opposer à la haine. Mais qu'on ne s'y trompe pas, ce triomphe est rare ; peu d'hommes peut - être sont en état de le connoître et de le goûter : pour savoir pardonner, il faut être à l'abri de l'offense. Les attaques de la malignité ressemblent à cette pierre ardente, qui laisse peu de traces lorsqu'on la promène sur un corps vigoureux et sain ; mais qui caufe les plus cuisantes douleurs, dès qu'on l'applique sur une plaie vive et saignante.

Rousseau ne parut jamais si grand que lorsqu'on le vit aux prises avec la malignité. Sa vie littéraire fut un combat continuel : est-il un seul instant où nous ayons eu à craindre pour sa gloire ? Il est triste, il est humiliant peut-être qu'il faille s'étonner de cette conduite, et en faire un des chapitres de son éloge. Puissent les gens de lettres la respecter plus et l'imiter mieux ! puissent - ils se rappeller davantage, que l'envie seroit presque toujours impuissante, sans leurs efforts pour la combattre ; que cette lutte honteuse les avilit au moins, quand elle ne les flétrit pas ! puissent-ils nous épargner désormais cette pénible et douloureuse confusion, que causent si souvent dans l'histoire des grands hommes, et les foiblesses du génie, et les écarts de la vertu ! Qu'ils nous laissent le soin de leur vengeance : leur gloire nous appartient, et quand ils en seront dignes, nous saurons toujours la défendre. L'envie n'a cessé de poursuivre Rousseau ; elle a revêtu toutes les formes pour l'attaquer ; trouve-t-on qu'elle ait beaucoup à se glorifier aujourd'hui de ses triomphes ?

Rousseau n'a pas toujours daigné répondre à ses ennemis ; mais lorsqu'il les a jugés dignes de ses coups, avec quelle dignité, quelle majesté même il les a confondus ! Toujours maître d'eux et de lui, il leur pardonne sans orgueil, ou les punit sans colère. On remarque en lui quelquefois les bouillonnemens d'une ame élevée et fière, qui s'indigne ; mais jamais les emportemens scandaleux de la passion qui s'égare. Il laisse à ses adversaires leurs armes, et ne souille pas ses mains en les leur arrachant. Sa patrie, qu'il avoit servie, qu'il chérissoit, qu'il honoroit sans doute ; sa pa-

trie venoit de le proscrire et le persécutoit encore.
On attaque ses loix et ses institutions ; Rousseau
embrasse sa défense : il venge Genève et lui-même,
et nous avons un chef-d'œuvre de plus.

On les connoît mal , on les lit trop peu ; ces
lettres qui doivent, à tant d'égards , nous servir
de modèle et de leçon : elles montrent par - tout
l'homme de bien sous les traits les plus mâles ;
elles apprennent comment on peut donner à la
raison la plus sévère , les accens de l'éloquence
et l'organe du sentiment : elles apprennent ce que
la patrie , la vertu et la liberté peuvent mutuellement exiger ou permettre de sacrifices : elles
font connoître enfin comment l'homme supérieur
sait être modeste sans bassesse , ou indépendant
sans orgueil. Il ne se contente pas de dire à ses
semblables : aimez la vertu, respectez vos devoirs ;
il le fait d'abord , et il a droit ensuite de donner
des préceptes , quand il peut les justifier par son
exemple. Est-il une vertu , est-il un seul de nos
devoirs que Rousseau ne nous ait fait connoître
et aimer ? Combien peu en est-il qu'il n'ait pas su
pratiquer ? Il fut homme sans doute ; mais s'il
falloit l'en justifier, je dirois : le malheur l'attacha
davantage aux hommes , et tandis qu'ils brisoient
tous les liens qui l'attachoient à eux , il s'occupoit
à resserrer ceux qui les unissent : il éclairoit ses
persécuteurs et il leur pardonnoit.

Tous les efforts de l'envie viendront se briser contre ce seul mot : Rousseau fut vertueux, et il le fut jusqu'à l'héroïsme. Cette passion sublime avive constamment son esprit et console son ame : dès qu'il peut s'y livrer , il semble respirer un air nouveau, dont tous ses organes exhalent la fraîcheur. On peut feindre un moment des transports que l'on n'éprouve pas ; mais certes, il seroit impossible de consacrer à l'imposture , une vie entière qui se reproduit en quelque sorte, et se multiplie dans une foule d'écrits. Toutes les actions de Rousseau , toutes les pages de ses livres , ont la même empreinte et le même caractère. Soit qu'on suive sa marche rapide et élevée ; ou qu'on le rencontre parmi les hommes , avec sa gaucherie si intéressante ; soit qu'on le surprenne dans les champs, occupé à cueillir , à savourer des fleurs ; ou qu'on l'entende moduler sur un clavier des airs simples et tendres , il est toujours *lui*. Emile , Colette et Julie ont les mêmes accens : on voit qu'ils sont les enfans du même père ; on retrouve en eux toutes les graces et la sensibilité de son ame. L'amant de la nature pouvoit-il n'être pas celui de la vertu ? Conçoit-on qu'on puisse en parler sans cesse avec une onction si vive, la peindre avec des couleurs si fraîches et si douces , et ne pas les adorer. La vertu, on l'a dit, ressemble à une femme aimable et belle : on peut la voir sans en être épris ; mais comment dessiner et vanter tous ses charmes, sans en éprouver l'empire? Comment porter en tous lieux son image, la contempler sans cesse, et la faire admirer aux autres, sans en buriner à la longue les traits dans son cœur? comment enfin user sa vie, à faire naître en elle les plus doux transports, et fermer son ame au bonheur de les partager? Non, ces efforts odieux seroient au-dessus de l'humanité, et ceux qui ont osé en accuser Rousseau, n'ont calomnié que la nature.

Il est fatiguant, il est pénible de contempler si long-temps cette lutte de la haine ou de l'envie; mais ce spectacle peut être utile. Il faut qu'on s'habitue à les trouver toujours placés près d'un grand homme, épiant chacun de ses mouvemens, pour arrêter ou suspendre sa marche. Il seroit facile de prouver, si j'analysois les ouvrages de Rousseau, combien presque toujours ont été injustes, les censures qu'on en a faites. Souvent nous découvririons peut-être, une grande beauté dans ce qui paroissoit un défaut; & une idée vaste et sublime, dans ce que nous osions appeler le délire et l'égarement de son esprit: je m'arrête à un seul exemple. Il me fournit l'occasion de confondre un des reproches les plus graves que l'on ait faits à Rousseau; celui dont il est le moins permis de ne le pas défendre. Je veux parler de l'athéisme de M. de Wolmar. On lui en a fait un crime ; me serois-je trompé , lorsque j'ai cru y voir tout à la fois , une des plus hautes conceptions du génie et le systême d'un homme de bien.

Il n'existe que trop de ces êtres qui s'efforcent de s'envelopper du néant , et prétendent montrer l'abîme à chacune des extrémités de notre carrière ; parce qu'ils craignent d'y trouver la vengeance. Leur ame froide et lente se dessèche dans le vide , et bientôt ils s'habituent à vivre seuls dans le désert qu'ils se sont créé : incapables d'énergie , ils n'éprouvent au plus que des mouvemens tumultueux et l'agitation du délire. Eh ! comment connoîtroient-ils les élans de la sensibilité et cette impulsion active qui seule remue le germe des vertus , et le fait éclorre ? ils annéantissent dans leur cœur le principe de vie et la chaleur qui le fécondent. La vertu est un sacrifice de soi-même : qui voudra s'immoler sans récompense ? Quel lien peut attacher l'homme qui n'est entouré que de la mort , et à qui tout en reproduit la triste et flétrissante image ?

Autrefois on persécutoit parmi nous les athées : on fait mieux aujourd'hui , on cherche à les éclairer. Mais cette tâche est pénible ; on ne peut ni persuader , ni convaincre celui qui s'est fait un systême de l'athéisme. Que lui dire, en effet, qu'il puisse entendre ; s'il contemple d'un œil sec et distrait , les cieux et l'horizon qui l'enferme ?

Comment émouvoir son ame , si elle est froide au centre de la nature , si elle n'est pas accablée du poids de l'univers ? Ce sommeil est affreux ; Rousseau a voulu essayer si la foudre au moins étoit capable de le détruire.

Wolmar , inébranlable dans ses principes , incapable de céder par foiblesse , résistoit depuis long-temps aux charmes et à la douleur d'une épouse aimable : trop vertueuse pour ne pas croire un Dieu , trop sensible pour ne pas l'aimer. Elle meurt : Wolmar va assister à ses derniers momens. Quel spectacle que la mort du juste ! Où donc cette femme si douce , si tendre ; si foible même , quand elle avoit des passions à combattre , a-t-elle puisé tant de forces , et ce courage sublime qui paroît l'élever au-dessus de l'humanité ? Elle vient de donner encore quelques instans à la nature , à l'amitié , à l'amour : et tout-à-coup elle semble revêtir une autre forme : elle voit , sans frémir , son existence se dissoudre. La tombe est ouverte ; elle retient , elle console ceux qui la perdent , ceux qu'elle a chéris toute sa vie , qu'elle aime encore ; et quelle femme aima comme Julie ! Ses yeux sont humides ; mais la sérénité de son ame annonce qu'ils versent les larmes du bonheur , celles au moins de l'espérance. Non , elle ne s'anéantit pas , cette femme céleste : une puissance supérieure la dérobe sans doute aux fureurs de la mort.

Ses amis gémissent et se désespèrent ; Wolmar observe. Il croit sentir dans son ame, le reflet des rayons qui animent la figure de son épouse et l'embellissent encore : pour la première fois son ame s'échauffe et s'embrase : il soupçonne enfin, qu'en mourant ainsi, on ne peut cesser d'être : il reconnoît que Julie s'endort dans le sein de la divinité.

Celui, qui à la vue d'un pareil tableau, ne sentiroit pas son cœur se briser et se fondre ; celui qui ne changeroit pas avec Wolmar, et qui en se précipitant aussi sur le corps de Julie, ne s'écriroit pas comme lui : « adorateur de Dieu, Julie n'est plus » ! mot sublime, le seul que la vérité puisse arracher alors à la douleur : cet homme, j'oserai le dire, est un monstre. Que fait-il sur la terre ? Il est incapable de sentir.

Quelle est au reste la page des écrits de Rousseau qui ne doive produire en faveur de la vertu, cette salutaire conversion que produit dans l'ame d'un athée, la dernière lettre d'Héloïse. L'athée, en voyant Wolmar verser des pleurs, éprouve le besoin d'un Dieu ; l'homme sensible qui lit les ouvrages de Rousseau, connoît plus impérieusement celui de la vertu. Il sent que par elle le bonheur devient plus pur, plus solide, plus doux ; et que, si peut-être, elle ne le donne pas toujours, elle seule au moins peut le remplacer ; il sent qu'il n'en peut exister sans elle, et que le bonheur s'anéantit devant un remords.

Combien la lecture de cet ouvrage doit être importune pour ceux qui s'évitent et se redoutent: je ne craindrai pas de l'avancer; on peut juger un homme sur l'opinion qu'il a conçue de Rousseau. Sans doute il faut se contenter de le plaindre, s'il ne sait pas admirer la grandeur, l'élévation de ses idées; et cette grace, cette expression douce et légère avec laquelle il peint et nos sentimens et tous les besoins de notre ame. Mais celui qui ne connoîtroit, qui ne partageroit pas la sensibilité si vraie, si pénétrante qui anime tous ses écrits; celui, qui en les lisant, ne se sentiroit pas porté au bien par une impulsion irrésistible; celui qui ne jouiroit pas alors de son existence, et du bonheur ou de l'espoir de l'étendre sur les autres: il faut le craindre, il faut le fuir. Eh! s'il ne pleure pas avec Rousseau, qui m'apprendra qu'il sait verser des larmes? Quand ses passions, sa raison peut-être, viendront l'égarer, où prendra-t-il un guide plus sûr, plus capable de lui faire entendre la voix qui nous rappelle à nos devoirs et nous ramène au sein de la vérité? Si Rousseau n'a pu l'enivrer d'amour pour la vertu, il ne la connoîtra jamais.

Combien sont touchantes, les images voluptueuses qu'il en a multipliées, et dont il a rempli ses ouvrages! comme on s'en repait avec délices!

Quand dans le silence des passions, on ne trouve que son cœur entre la nature et soi ; quand le soir d'un beau jour, à l'aspect d'un vaste et riche horizon, qui semble déployer à nos regards l'univers et sa magnificence, on se sent disposé à l'attendrissement et qu'on éprouve le besoin d'admirer et d'aimer ; c'est alors qu'il faut lire Rousseau ; lequel de ses écrits, n'importe : tous respirent le même charme ; dans tous il nous attache, il nous intéresse, il nous élève : dans tous, il nous entretient de nos penchans, de nos plaisirs ; dans tous, il enseigne la morale douce et riante de la nature. On jouit de soi-même alors ; on jouit de se retrouver, parce qu'on se retrouve sensible et bon. Il semble dans de pareils instans que le bonheur filtre à travers tous les organes, et qu'on le resserre autour de son ame.

Doit-on s'étonner de l'influence qu'a eu sur les mœurs et l'esprit de son siècle, un écrivain qui n'inspire que des sentimens si impérieux et dont les étreintes sont si pénétrantes et si douces ? Beaucoup d'autres ont dit à-peu-près les mêmes choses : aucun ne les a dites comme lui ; aucun n'a connu, comme lui, cet art de reproduire sans cesse les impressions dont nous cherchons à nous nourrir. On trouve délicieuses les larmes qu'on verse en le lisant, parce qu'il en verse toujours avec nous : il ne s'agite pas pour nous échauffer ; on sent qu'il ne communique que les mouvemens qu'il éprouvoit. Il n'est pas un seul de ses ouvrages qui n'exprime l'état de son ame, au moment où il a été composé : le tableau de ses écrits pourroit devenir l'histoire de ses actions et des principaux événemens de sa vie. Avant qu'il nous l'eût appris, je savois qu'il avoit composé ses premiers discours dans les tumulteuses et pénibles agitations de la société, au milieu des hommes et de leurs vices ; et que lorsqu'il fit Emile, il s'étoit rapproché de son cœur et de la nature. Sa lettre sur les spectacles a une teinte différente ; elle respire la tristesse et la douloureuse sensibilité d'une ame aimante qui vient d'être blessée dans ses plus tendres affections. On reconnoît le besoin qu'elle éprouve d'être consolée, à ses efforts pour épargner au moins à quelques hommes, de nouvelles passions, de nouveaux désirs ; et leur rendre préférable la douce sécurité des mœurs et de la vertu. On aime à voir dans cette lettre avec quelle dignité il combat son adversaire : pourquoi ne l'a-t-il jugé digne que de son estime ? Ils étoient faits pour unir leurs noms, leur ame et leur immortalité.

Rousseau a associé à sa gloire et a notre amour, d'autres personnes que son cœur avoit choisies, et dont le tendre attachement le consoloit de se maux, et lui rendoit plus chère l'humanité qu'elles honoroient. Qu'on distingue facilement dans ses ouvrages, toutes les pages écrites à Montmorenci : on y voit l'abandon d'un cœur qui s'épanche et s'épanouit dans le sein de l'amitié : c'est là, c'est près de là qu'on retrouve les bosquets de Clarens. Ah ! quand Rousseau n'en eût pas publié l'aveu, on eût deviné dans quels lieux étoit pour lui l'Elisée, et de quels charmes il embellissoit sa Julie.

On ne fait pas un pareil ouvrage avec de l'esprit et de l'imagination : mais quelle ame que celle qui peut suffire à tracer un tableau si vaste de la vertu ; et qui n'a pas besoin d'y placer des ombres, pour en relever tous les charmes : et sur-tout quelle ame, que celle dans laquelle Rousseau alloit puiser des couleurs et si vives et si fraîches ! Les sentimens qui inspirent et ceux qui créent un pareil chef-d'œuvre, sont des bienfaits pour l'humanité.

J'ai parlé de la reconnoissance publique : me sera-t-il permis de laisser échapper aussi les foibles accens de la mienne. O grand homme ! dédaignerois-tu l'élan d'une ame jeune et vive, qui s'est nourrie de la tienne, et qui te doit son amour pour la vérité, la justice, la vertu ? La nature m'avoit fait un cœur sensible, tu l'as rendu aimant et bon : je te devrai le désir de faire le bien, et peut-être tout le charme de ma vie.

Je suis à ce moment dans les lieux où tu reposes ; je termine cet écrit sur ta tombe. Voilà donc ta dernière demeure ! Que dis-je ? c'est ici que tu vis pour le bonheur de l'humanité ; c'est ici que tu exerces toujours en son nom sur les mœurs publiques, une censure qui l'honore. Ah ! cette pierre qui couvre ta cendre, me paroît un trône sur lequel ton ombre s'assied, pour rappeller à l'univers les loix que tu lui dictas. Oui, c'est ici, dans ce temple de la paix et de l'innocence, que toutes les mères devroient apprendre à connoître leurs devoirs, les enfans à devenir hommes, et tous les hommes à être vertueux.

Ombre chère et sacrée ! prosterné devant toi, j'abjure les erreurs et les préjugés de mon enfance. Sois à jamais mon guide et mon appui : que toujours fidèle à tes leçons, et au serment que je fais ; je chérisse ma patrie, l'humanité, la religion et la vertu.

F I N.

De l'Imprimerie de L. POTIER DE LILLE, rue Favart, N°. 5.

www.ingramcontent.com/pod-product-compliance
Ingram Content Group UK Ltd.
Pitfield, Milton Keynes, MK11 3LW, UK
UKHW021436090726
13657UKWH00003B/1111